Michaela Titz

Gartengold

Vegetarische Rezepte
rund ums Jahr

Mit **40** Gartenprojekten für die Familie

Olivia Verlag

Michaela Titz

Gartengold

Vegetarische Rezepte
rund ums Jahr

Mit **40**
Gartenprojekten
für die Familie

Olivia Verlag

Für meine Söhne
S., J. & F.
♥

Die Geschichte unseres Gartens beginnt bereits vor über 80 Jahren. Das Grundstück, auf dem sich heute unser Haus und Garten befinden, war ein Schrebergarten für den sogenannten Fruchtgenuss. Das heißt, die ersten und einzigen Besitzer, die vor uns hier umherwanderten, durften das Grundstück lediglich dazu nutzen, um es für den eigenen Bedarf zu bewirtschaften. Ein Wohnrecht gab es lange nicht, aber gerade in den Kriegsjahren und danach war es so möglich, der Bevölkerung die Chance zu bieten, sich selbst mit Obst und Gemüse zu versorgen.

Erst später, in den 1960er-Jahren, konnte der Grund und Boden erworben werden, Umwidmungen in Bauland fanden statt, und die Bebauung wurde erlaubt. Es war auch die Zeit, in der unser heutiges Haus gebaut wurde.

Geblieben von damals sind Obstbäume, von denen einer schon gut 80 Jahre alt ist, und ein altes Haus, das wir von Grund auf saniert haben, mit knarzenden Dielen und viel Geschichte. Manchmal möchte ich gerne zurückreisen in die Zeit, als es in unserer Straße laut war mit spielenden Kindern und vielen jungen Familien, die ihre Gärten bewirtschaftet haben. Ich denke oft, es war eine ganz besondere Zeit.

Als ich unseren Garten zum ersten Mal sah, war mir das volle Potential sofort bewusst und es war auch sogleich klar, dass hier ein Gemüsegarten entstehen muss. Über die Jahre ist er stetig gewachsen und mit ihm auch mein Wissen über den Anbau, die Pflege und die Bewirtschaftung eines eigenen Gemüsegartens.

Mein Familiengarten war schon in meiner eigenen Kindheit ein großer Traum, den ich mir gemeinsam mit meinem Mann erfüllt habe. Zusammen mit unseren drei Söhnen und unserer Labrador-Hündin leben, lieben und lachen wir hier. Mein Familiengarten ist Ruheoase, Rückzugsort und das volle Leben zugleich. Unser Leben spielt sich von März bis Oktober im Freien, mitten im Gemüse ab und unter dem Schatten unserer Bäume genießen wir hier unseren Garten und wollen auch dich dazu einladen, mit einfachen Rezepten und Gartenprojekten unser Lebensgefühl zu spüren und dich inspirieren zu lassen.

Am Ende des Buches gibt es übrigens eine Tabelle, die die österreichischen Begriffe ins Deutsche übersetzt.

Alles Liebe

Michaela

Mein Garten

Auf rund 700 Quadratmetern spielt sich das Leben in unserem Garten ab. Ein Viertel der Fläche davon ist mit meinem Gemüsegarten belegt. Er gliedert sich in einige Beete, auf denen unser Gemüse wächst. Karotten, viel Mangold und Spinat findet man hier ebenso wie Krautköpfe, aber auch Bohnen und Fisolen. Dazwischen ist mein Gemüsegarten mit Blumen bepflanzt: Ringelblumen, Cosmeen und Sonnenblumen, um viele Bienen und andere Insekten anzulocken, die sich um die Bestäubung kümmern.

Außerdem habe ich ein kleines Gewächshaus, das ich im Frühling für das Vorziehen meiner Pflanzen nutze und über die Sommersaison mit Tomaten bepflanze. Im hinteren Teil unseres Gartens, gleich neben unserer Gartenlaube, wächst unser Salat an einem sonnigen Plätzchen direkt unter dem Apfelbaum.

Der Garten ist für mich nicht nur mein Platz für Gemüse und Obst. Er ist auch mein Ort zur Erdung, zum „zur Ruhe kommen" und auch gleichzeitig Rückzugsort. Hier finde ich meinen Ausgleich zum Alltag und genieße die Ruhe und Stille. Die Gartenarbeit macht mir Spaß und ist für mich auch eine Arbeit, die ich mehr als nur liebe. Vom Heranziehen der Pflanzen bis hin zu Ernte und Verarbeitung und ja, auch Konservierung für den Winter, ist das zu einer wahren Passion geworden.

Alles, was ich ernte, wird verarbeitet, von der Knolle bis zum Blatt. So darf ich eine prall gefüllte Speisekammer mein Eigen nennen. Voll mit den Köstlichkeiten, die sich im Erntejahr ansammeln. Und einer Reihe an Samen, die ich selbst von meinen Pflanzen ernte, um den Kreislauf vollständig zu schließen. Für mich ist mein Familiengarten somit eine kleine Selbstversorger-Oase, die ich nicht mehr missen möchte.

Meine Familienküche

Die Liebe zur guten Küche wurde mir bestimmt schon in die Wiege gelegt. Aufgewachsen in einer Drei-Generationen-Konstellation hatte ich schon als kleines Mädchen fast täglich die Gelegenheit, meiner Oma in die Kochtöpfe zu blicken. Ich habe es geliebt, wie sie aus den einfachsten Zutaten die leckersten Gerichte gekocht hat. Ohne Kochbuch – nach Gefühl und Erfahrung.

Heute koche ich selbst für meine eigene Familie. Alles, was auf den Tisch kommt, muss uns als Familie schmecken – und zwar ohne Ausnahme. Genau diesen Anspruch muss für mich auch mein Buch erfüllen. Es muss schmecken und vor allem unkompliziert gekocht sein, oft sind es die einfachsten Gerichte und Zutaten, die unser Herz erstrahlen lassen und gerne gekocht werden. Mit frischen Zutaten aus meinem Familiengarten.

Mein Buch

„Gartengold" ist eine kleine Fibel zu meinen Garten. Viele Ideen zu Do-it-yourself-Projekten mit Kindern, aber auch die Basics rund ums Gärtnern habe ich hier zusammengetragen. Denn Gärtnern ist nicht schwer und kann überall stattfinden: im Garten, auf dem Balkon oder auf der Fensterbank.

Wie ich das Geerntete verarbeite, zeige ich in zahlreichen Rezepten nicht nur im Buch, sondern auch auf meinem Blog littlebee.at und gebe mein Wissen auch als Redakteurin und freie Autorin in Kolumnen und Magazinen weiter.

Gärtnern ist vielseitig

Mir ist bewusst, dass nicht jeder in der glücklichen Lage ist – so wie wir – und einen großen Garten sein Eigen nennen darf und ihn auch bewirtschaften kann. Aber es bieten sich auch andere Möglichkeiten, um die Familie mit guten Nahrungsmitteln aus der Region zu versorgen und im Kleinen, auf der Fensterbank oder auf dem Balkon, selbst Gemüse und Obst anzubauen.

Gärtnern auf der Fensterbank

Oft reicht schon eine Fensterbank aus, um sich mit frischen Kräutern selbst zu versorgen. Auch Gemüse wie Mangold, Spinat oder Radieschen, aber genauso Erdbeeren können in kleinen Balkonkästen angepflanzt werden. Ja, selbst Salate brauchen nicht mehr als einen Topf und können auch auf der Fensterbank wachsen.

Der kleine Balkongarten

Um einen kleinen Balkongarten anzulegen, solltest du dir Obst- und Gemüsesorten aussuchen, die auf kleinem Raum wachsen und die keine großen Beete benötigen. Balkonkästen und kleine Hochbeete eignen sich hervorragend, um auf dem Balkon oder einer Terrasse aufgestellt zu werden. Kleine Projekte wie eine Bohnenrankhilfe (Seite 42) oder einen Naschgarten für Kinder (Seite 38) findest du außerdem im Kapitel „Frühling".

Weitere Möglichkeiten rund ums Gärtnern

Wer ganz ohne eigene Freiflächen lebt, kann sich trotzdem gut mit frischem Biogemüse und -obst versorgen. In vielen Städten bieten Biohöfe und Bauern bereits einen Lieferservice mit Abokisten an, und auch ein Besuch auf dem Bauernmarkt ist nicht zu verachten. Gerade hier findet man saisonale und regionale Schätze zum Verarbeiten und Gustieren (Kosten).

Eine weitere Möglichkeit ist eine Selbstversorgerparzelle, die man alleine oder mit der Familie über eine Saison oder länger bewirtschaften kann, oder der Anschluss an eine Solawi – einer solidarischen Landwirtschaft. Hier werden die Beete gemeinsam mit anderen Mitgliedern bewirtschaftet, der Ertrag auch gemeinsam verarbeitet und unter allen aufgeteilt. Ganz nach persönlichen Vorlieben, Zeit und Einsatzbereitschaft kann man sich hier einbringen, wie man möchte.

Auch kleine Gemeinschaftsgärten, die man oft in Wohnhausanlagen findet, sind hier und da eine gute Lösung. Mehrere Hausbewohner kümmern sich zusammen um einen kleinen Garten, der mit allem bestückt ist, was die Bewohner mögen. So kann nicht nur jeder aus dem Vollen schöpfen, sondern auch das Gemeinschaftsleben wird so gefördert.

Der Klassiker schlechthin ist für mich allerdings der Schrebergarten. Vielleicht auch deswegen, weil mein Familiengarten ebenso entstanden ist. Kleine Parzellen mit kleinen Gartenlauben laden zum gemütlichen Beisammensein ein. Zumeist nutzen Städter solche Angebote, die in Großstädten oft am Stadtrand und/oder im Speckgürtel angeboten werden. Wer sich einmal einem Schrebergarten widmet, bleibt in der Regel ein Leben lang stolzer Gartenbesitzer.

Gärtnern auf kleinstem Raum – folgende Sorten eignen sich für kleine Gärten:

- Salate
- Tomaten
- Spinat, Mangold
- Mini-Kiwi, Birne, Apfel
- Kräuter
- Radieschen
- Erdbeeren
- Spalier- und/oder Zwergobstbäumchen

Haltbarmachen: Fermentieren, Einkochen, Einlegen

Eng verwoben mit dem Gärtnern ist das Konservieren der eigenen Ernte. Es ist nicht nur eine Möglichkeit, um die geernteten Köstlichkeiten für den Winter haltbar zu machen, sondern auch, um einen etwaigen Überschuss zu verarbeiten, damit dieser nicht verdirbt.

Wer sein Obst und Gemüse einkocht, braucht nicht viel. Für den Anfang reicht eine gute Auswahl an Gläsern und Flaschen sowie passenden Deckeln, am besten Twist-off-Verschlüsse oder Spangenverschlüsse, damit die Gläser fest verschlossen werden können. Außerdem braucht es einen guten Trichter zum Abfüllen sowie einen großen Topf und eine Schöpfkelle. Werden die Gläser nicht benutzt und sind nicht im Einsatz, sollten sie unverschlossen gelagert werden, damit sich in den Gläsern keine Staunässe bilden kann und die Gummidichtungen der Deckel so verunreinigt werden.

Hygiene ist das A und O, deswegen müssen die Gläser vor der Nutzung immer gut gereinigt und steril gemacht werden. Man spült sie heiß mit Wasser und Spülmittel aus und lässt sie anschließend für 10 Minuten in einem großen Topf mit aufgekochtem Wasser sterilisieren. Alternativ geht das auch im Backofen bei 100 Grad für 15 Minuten.

Das Einkochen

Mit dem Einkochen wird umgangssprachlich der Vorgang gemeint, bei dem wir unsere Lebensmittel heiß verkochen und abfüllen. So ganz stimmt das aber eigentlich nicht. Denn im Grunde ist mit dem Einkochen eine alte Methode gemeint, in der Lebensmittel, wie Apfelmus und Soßen, nicht nur zuerst verkocht, um anschließend heiß in Gläser gefüllt zu werden, sondern zusätzlich die Gläser im heißen Wasserbad erhitzt werden, um alle Bakterien und Keime abzutöten und die Lebensmittel so über viele Monate haltbar zu machen.

Zum Einkochen stelle ich die Gläser in eine Aluwanne oder auf ein tiefes Backblech und fülle sie mit Wasser. Die Gläser sollten ein bis zwei Zentimeter im Wasser stehen, dürfen einander aber nicht berühren. So kommen die Gläser in den Backofen und dieser wird nun auf 140 Grad (Umluft) erhitzt. Nach und nach kann man gut sehen, wie die kleinen Luftbläschen aus den Gläsern nach oben steigen – das Einkochen hat begonnen. Sobald es in den Gläsern zu blubbern begonnen hat, kocht der Inhalt. Ich schalte den Backofen nun aus und belasse die Gläser noch weitere 30 Minuten im Ofen. Danach öffne ich die Türe einen Spalt breit, damit die heiße Luft schneller entweicht. Sind die Gläser nur noch lauwarm, entnehme ich sie dem Backofen und trockne sie gut ab. Wenn sie kalt sind, werden sie noch beschriftet und dann in meiner Vorratskammer aufbewahrt.

Diese Methode eignet sich vor allem für Fruchtmus jeder Art. Ich verarbeite so zum Beispiel Apfelmus und Tomatensoße, aber auch Kompott. Die Methode des Einkochens kann auch auf dem Herd in einem Topf durchgeführt werden. Es gibt spezielle Töpfe, die diesen Vorgang erleichtern.

Der Unterschied zum eben beschriebenen Einkochen ist das Heiß-Abfüllen oder auch Marmelade-Einkochen. Bei dieser Methode wird das Obst verarbeitet und mit Zitronensäure, Zucker und Geliermittel verkocht und anschließend heiß in Gläser abgefüllt. Diese werden sofort verschlossen und

für 10 Minuten auf den Kopf gestellt. Es entsteht ein Vakuum, das später beim Öffnen der Gläser gut hörbar ist, und der Inhalt hält sich über viele Monate, bei mir sogar Jahre. Diese Methode ist perfekt, um Marmeladen, Chutneys oder Senf herzustellen.

Die Fermentation

Fermentieren ist altes Wissen, das sich heute wieder besonderer Beliebtheit erfreut. Es wurde nicht nur angewendet, weil es eine der wenigen Möglichkeiten war, Gemüse für den Winter haltbar zu machen, sondern auch weil es gesund ist. Wie wichtig fermentiertes Gemüse für unseren Körper ist, liegt klar auf der Hand: Der Darm ist das Zentrum unserer Gesundheit. Hier zeigt der Körper ganz deutlich, ob es ihm gut geht. Nicht nur in Form von einer gestörten Verdauung wird uns schnell klar, dass unser Darm gerade leidet, sondern auch viele andere Erkrankungen finden oft ihren Ursprung in einem entzündeten oder kranken Verdauungssystem. Durch die Fermentation, die rein nur durch das Zusammenspiel von Wasser, Salz und Luft angeregt wird, entstehen wertvolle Milchsäurebakterien, die unseren Darm gesund halten. Das wussten übrigens schon die alten Seefahrer, die immer einige Fässer mit Sauerkraut mit an Bord hatten. Eine Vitamin-C-Bombe, die die Männer vor dem gefürchteten Skorbut schützen sollte.

Für die Fermentation eignet sich nicht nur Kraut, sondern auch Karotten, Karfiol, ja sogar Bärlauch und Zitronen lassen sich fermentieren. Eine spannende und gesunde Möglichkeit, um Gemüse haltbar zu machen. Du benötigst Bügelverschlussgläser und unbedingt einen Teller oder eine kleine Auffangschale, da durch das Bilden der Gase oft Wasser aus dem Glas gedrückt wird. Außerdem je nach Rezept Salz, Kräuter und dein Gemüse.

Die Gärung

Auch aus vermeintlichem Abfall kann Großartiges entstehen. Bestes Beispiel ist hier die Essigentstehung durch Gärung. Schalen oder aber das Kerngehäuse von Äpfeln, Birnen und sogar Quitten können durch den Gärprozess in Apfel-, Birnen bzw. Quittenessig umgewandelt werden. Alles, was man dazu braucht, ist ein großes Glas, Wasser und Geduld. Denn diese Methode bedarf mehrere Wochen an Zeit, bis der Essig komplett ausgegoren und gereift ist. Der fertige Essig hält sich dann gut verschlossen in Flaschen über mehrere Monate.

Wer mit dieser Methode keinen Speiseessig zubereiten möchte, kann auch Zitronen, Mandarinen und Limetten der Gärung zuführen und sich so seinen eigenen Haushaltsreiniger herstellen.

Das Einlegen

Eine meiner liebsten Methoden, um Gemüse wirklich ratzfatz über einen längeren Zeitraum haltbar zu machen, ist das Einlegen in Öl. Bei dieser Methode muss das Gemüse vorab nicht zwingend erhitzt werden. So lassen sich Paprika, die im Ofen vorgegart wurden, oder Tomaten, die man in der Sonne trocknen lässt, zusammen mit Gewürzen und Öl konservieren. Aber auch andere Lebensmittel wie Tofu oder schnelles Pesto aus allerlei Kräutern und Körnern lassen sich so ganz wunderbar konservieren. Wichtig ist, dass die eingelegte Köstlichkeit mit einem Schutzfilm von Olivenöl bedeckt wird, der die oberste Schicht im Glas ist. So kommen keine Keime und Bakterien zum Gemüse. Perfekt zur Konservierung und absolut köstlich.

Der Essigsud

Eine der schnellsten und sicher schmackhaftesten Methoden ist das Einlegen von Gemüse in Essigsud. Auf diese Art und Weise mache ich jedes Jahr einen Vorrat an Salaten, aber auch Gewürz- gurken so haltbar. Das Gemüse wird für diesen Vorgang kalt verarbeitet, allerdings gelten dieselben Hygienevorschriften wie beim Einkochen auch: Die Gläser müssen sauber, am besten sogar steril sein. Das Gemüse wird in die Gläser gefüllt und anschließend mit einem Essig-Wasser-Sud, der ordentlich erhitzt wurde, übergossen. Die Gläser werden noch heiß fest verschlossen und das Ge- müse zieht nun über ein paar Wochen im Sud, bis es gut gereift und verzehrfertig ist. Es hält sich im Sud bei richtiger Lagerung ebenfalls über einige Monate.

	Typ Österreich	Typ Deutschland
Weizenmehl glatt	W700	Type 550
Weizenmehl griffig	W480	Type 405
Weizenmehl Vollkorn	W1800	Weizenvollkornmehl
Dinkelmehl glatt	W700	Type 630
Dinkelmehl Vollkorn	W1500	Type 1050
Roggenmehl	R960	Type 997 + 1150
Roggenmehl Vollkorn	R2500	Roggenvollkornmehl

Der Sauerteig

Brot zu Hause selbst zu backen, hat etwas Magisches. Ich selbst bin immer noch von jedem Brot, das ich aus meinem Ofen hole, fasziniert. Ein kleines Wunderwerk aus Mehl und Wasser, das die Menschheit schon seit Ewigkeiten nährt.

Zum Brotbacken bin ich selbst nur durch Zufall gekommen. Ich war neugierig. Und es war spannend. Ich wollte mein Wissen in der Küche erweitern und ließ es auf einen Versuch ankommen, der aber kläglich gescheitert ist. Mein erstes eigenes Brot war vollkommen verkohlt, klein und geschmacklich nicht nennenswert. Aber genau dieser Moment hat in mir den Ehrgeiz erweckt. Ich begann zu recherchieren und gab dem Sauerteig ganz schnell eine zweite Chance. Ich habe sehr schnell gemerkt, dass es doch einfacher ist, als man denkt, und dass es sich lohnt, dran zu bleiben und dem Brotbacken treu zu bleiben.

Um ein Sauerteig-Anstellgut herzustellen, benötigst du ein großes Glas mit losem Deckel mit mindestens 750 Milliliter Fassungsvermögen. Außerdem Mehl – egal welche Sorte, denn der Sauerteig kann aus jeder Mehlsorte (Weizen, Dinkel, Roggen etc.) hergestellt werden. Es liegt bei dir und deiner Präferenz, für welches Mehl du dich entscheidest, du solltest nur für dein Anstellgut auch bei der jeweiligen Sorte bleiben.

Über vier Tage hinweg wird das Anstellgut nun „gefüttert".

Tag 1: 50 g Mehl und 50 ml lauwarmes Wasser in einem großen Glas vermischen; bei 20-25 Grad Raumtemperatur abgedeckt stehen lassen, sodass Luft dazu kommen kann.

Tag 2–4: Den Ansatz jeweils mit 50 g Mehl und 50 ml lauwarmem Wasser füttern und verrühren.

Tag 5: Das Anstellgut ist nun bereit zum Backen. Hierfür die gewünschte Sauerteigmenge entnehmen. Der restliche Ansatz kann nun weiter gefüttert werden, du startest wieder mit Tag 2.

Solltest du in den nächsten Tagen nicht erneut backen wollen, kannst du dein Anstellgut auch im Kühlschrank lagern. Es sollte allerdings alle 7–10 Tage gefüttert werden. Wenn du nicht vorhast zu backen, dann hole dein Glas aus dem Kühlschrank, lasse es eine Stunde stehen und füttere den Sauerteig anschließend mit 20 Gramm Mehl und 20 Milliliter lauwarmem Wasser. Dann das Glas zurück in den Kühlschrank stellen.

Möchtest du deinen Sauerteig reaktivieren und damit backen, dann solltest du ihn einen Tag, bevor du backen möchtest, aus dem Kühlschrank holen und mit 50 Gramm Mehl und 50 Milliliter Wasser füttern. Am nächsten Tag kannst du die gewünschte Menge für dein Brot entnehmen und den Rest wieder im Kühlschrank aufbewahren.

Vollkorn-Mischbrot

aus Sauerteig mit Hefe

Zeit: 24 Stunden

Zutaten für 1 Brot

Für den Vorteig
350 g Roggenmehl
100 g Sauerteig-Anstell-
   gut (Seite 16)
400 ml Wasser

Für den Brotteig
1 Pkg. Trockenhefe
1 TL Honig
250 ml Wasser
350 g Weizenvollkorn-
   mehl
2 TL Salz
2 TL Brotgewürz

Außerdem
150 g Roggenmehl
Simperl
2-3 EL Sonnenblumen-
   kerne

Zubereitung

1 Am Vorabend den Vorteig herstellen. Dazu Roggenmehl, Sauerteig-Anstellgut und lauwarmes Wasser in einer Schüssel miteinander verrühren, bis sich alle Mehlnester aufgelöst haben. Mit einem
   Tuch abdecken und mindestens 12 Stunden bei Zimmertemperatur
   ruhen lassen.

2 Am nächsten Tag in einem Glas Hefe mit Honig mischen und lauwarmes Wasser zugeben. 10 Minuten zugedeckt ruhen lassen.

3 Die restlichen Brotteig-Zutaten in eine große Schüssel geben, zu-
   sammen mit der Hefemischung und dem Vorteig zu einem glatten
   Teig verrühren. Die Schüssel abdecken und 1 Stunde ruhen lassen.
   Der Teig sollte sich in dieser Zeit verdoppeln.

4 Zuletzt den Teig mit 150 Gramm Roggenmehl verkneten und zu
   einem Laib formen.

5 Ein Simperl gut bemehlen, in den Boden die Sonnenblumenkerne
   streuen. Das Brot mit der Naht nach unten ins Körbchen legen und
   nochmals 30 Minuten ruhen lassen. Das Brot wird in dieser Zeit
   nicht abgedeckt.

6 Den Backofen auf 230 Grad (Umluft) vorheizen. Dabei das Backblech im Ofen lassen, es soll auch aufgeheizt sein. Das Brot aus
   dem Simperl auf ein Backpapier stürzen und relativ rasch auf das
   heiße Backblech legen. Die Backtemperatur wird nun in regelmä-
   ßigen Schritten reduziert. Die ersten 15 Minuten backt das Brot
   bei 230 Grad, dann 15 Minuten bei 200 Grad und schließlich bei
   170 Grad nochmals 20 Minuten. Das Brot ist fertig, wenn es hohl
   klingt, wenn man an der Unterseite klopft.

7 Das Brot zum Auskühlen für mindestens 1 Stunde auf einen Gitterrost legen, bis es angeschnitten wird.

TIPP: Das Brot noch lauwarm in ein Leinentuch einschlagen, so hält es sich für einige Tage frisch.

Dinkel-Weizen-Brot

aus Sauerteig ohne Hefe

Zeit: 24 Stunden

Zutaten für 1 Brot

Für den Vorteig
200 g glattes Dinkelmehl
50 g Sauerteig-Anstellgut
    (Seite 16)
200 ml Wasser

Für den Brotteig
120 ml Wasser
320 g glattes Weizenmehl
8 g Salz
1 TL Brotgewürz (optional)

Außerdem
Mehl für die Arbeitsfläche
Simperl
Topf mit Deckel aus
    Gusseisen oder Emaille
    (Durchmesser 20-24 cm)

Zubereitung

1 Am Vorabend den Vorteig herstellen. Dazu Dinkelmehl, Sauerteig-Anstellgut und lauwarmes Wasser in einer Schüssel miteinander verrühren, bis sich alle Mehlnester aufgelöst haben. Mit einem Tuch abdecken und mindestens 12 Stunden bei Zimmertemperatur ruhen lassen.

2 Am nächsten Tag in der Küchenmaschine den Vorteig und die Zutaten für den Brotteig mindestens 10 Minuten auf niedriger Stufe kneten, bis ein homogener Teig entstanden ist. Danach zu einer Kugel formen und in der Schüssel mit einem Tuch locker abgedeckt 30 Minuten ruhen lassen.

3 Nun wird der Teig mittels „Stretch and Fold" gelockert und gefaltet, um Spannung aufzubauen, und das funktioniert so: Den Teig an einem äußeren Ende hochziehen, ohne ihn zu zerreißen, und über die gesamte Kugel ans gegenüberliegende Ende legen. Diesen Vorgang einmal reihum gleich direkt in der Schüssel wiederholen, also vier bis fünf Mal den Teig hochziehen und ans gegenüberliegende Ende falten. Dieser Vorgang wird alle 30 Minuten wiederholt, insgesamt dreimal „Stretch and Fold" durchführen.

4 Den Brotteig mit der Naht nach unten auf eine leicht bemehlte Arbeitsfläche legen. Für den „final shape" (das Brot in Form bringen) den Teig ein wenig oval ziehen und erst das obere Ende lang ziehen und über die Mitte klappen, danach die Seiten und zum Schluss die unterste Seite zur Mitte klappen.

5 Den Teig vorsichtig und mit den flachen Händen oder den kleinen Fingern zu einer Kugel formen und in einem gut bemehlten Simperl mit Naht nach unten 1,5 Stunden ruhen lassen.

6 Nach 1 Stunde den Backofen auf 240 Grad (Umluft) vorheizen, den Topf mit Deckel mit in den Ofen stellen und für mindestens 30 Minuten vorheizen.

7 Das Brot aus dem Simperl auf ein Stück Backpapier kippen und in den Topf heben. Mit Deckel bei 240 Grad 25 Minuten backen. Danach ohne Deckel bei 200 Grad 15 Minuten fertig garen.

8 Das Brot zum Auskühlen für mindestens 1 Stunde auf einen Gitterrost legen, bis es angeschnitten wird.

Sauerteig-Croissants ♥

Zeit: 24 Stunden

Zutaten für 10-14 Stück

Für den Vorteig
30 g Sauerteig-Anstellgut
  (Seite 16)
90 g glattes Weizenmehl
60 ml Wasser

Für den Hauptteig
480 g glattes Weizenmehl
50 g Zucker
5 g Salz
150 ml Milch
100 ml Wasser
3 g Trockenhefe

Außerdem
250 g Butter
Mehl für die Arbeitsfläche
2 EL Milch und 1 Ei zum
  Bestreichen

Zubereitung

1 Am Vorabend alle Zutaten für den Vorteig in einem großen Glas vermengen und bei Zimmertemperatur zugedeckt (mit Wachstuch oder Frischhaltefolie) mindestens 12 Stunden ruhen lassen.

2 Am nächsten Tag in der Küchenmaschine den Vorteig und die Zutaten für den Hauptteig mindestens 10 Minuten auf niedriger Stufe kneten, bis ein homogener Teig entstanden ist. Abgedeckt in einer Schüssel für 4 Stunden kalt stellen.

3 Den Butterziegel in einen Tiefkühlsack legen und mit einem Nudelholz flach rollen, bis er die Größe eines DIN-A5-Blatts hat.

4 Den Teig auf einer leicht bemehlten Arbeitsfläche auf die doppelte Länge und auf die Breite des Butterziegels ausrollen. Den Butterziegel mittig legen und mit dem Teig einschlagen. Die Teigenden treffen sich mittig und werden miteinander verdrückt, um die Naht zu schließen. Den Teig der Länge nach auf die dreifache Länge ausrollen, wie einen Brief einschlagen und einen sogenannten Letterfold machen: Stelle dir den Teig dazu gedrittelt vor. Den unteren und den oberen Teil nacheinander über das mittlere Drittel legen. Den Teigblock in ein Wachstuch oder Frischhaltefolie einwickeln und für 30 Minuten kalt stellen.

5 Auf einer bemehlten Arbeitsfläche den Teig der Länge nach ausrollen, dreimal so lange wie bestehend. Wie zuvor das obere Ende über das mittlere Drittel klappen, den unteren Teil ebenso über den mittleren Teil legen, sodass sich die Enden treffen. Die Nähte mit den Fingern verschließen und den oberen Teil komplett nach unten klappen. Wieder in ein Wachstuch oder eine Frischhaltefolie wickeln und nochmals für 30 Minuten kalt stellen.

6 Den Teig auf der bemehlten Arbeitsfläche ausrollen (8-10 Millimeter dick) und 10 Zentimeter breite Stücke abmessen, an der oberen Kante beginnend. Im unteren Teil erst 5 Zentimeter Platz lassen und dann ebenso 10 Zentimeter Schritte markieren. Die Dreiecke am besten mit einem Teigrad schneiden und von der langen Seite her einrollen. Auf mit Backpapier belegte Bleche geben.

7 Im Backofen bei 20-25 Grad (hierfür ist meist das Einschalten der Lampe ausreichend) ca. 3 Stunden ruhen lassen.

8 Die Bleche aus dem Backofen nehmen und diesen auf 210 Grad (Umluft) vorheizen. Milch und Ei verrühren. Vor dem Backen die Croissants mit der Eimischung gut bestreichen.

9 Die Croissants 5 Minuten bei 210 Grad (Umluft) backen, anschließend die Hitze auf 190 Grad reduzieren und die Croissants weitere 12-15 Minuten fertig backen, je nach gewünschter Bräunung.

10 Auf einem Gitterrost ca. 50 Minuten abkühlen lassen.

Salzstangerl

♥

Zeit: 2 Stunden

Zutaten für 8-10 Stück
1 Pkg. Trockenhefe
1 TL Honig
250 ml Wasser
2 TL Salz
400 g glattes Weizen-
    mehl + etwas Mehl für
    die Arbeitsfläche

Außerdem
2 EL Milch + 1 Ei zum
    Bestreichen
Grobes Salz und etwas
    Kümmel zum Bestreuen

Zubereitung

1   Hefe in Honig auflösen und zusammen mit lauwarmem Wasser vermischen. Zugedeckt für 10 Minuten ruhen lassen.

2   Mit Salz und Weizenmehl zu einem geschmeidigen Teig verkneten und zugedeckt 1 Stunde ruhen lassen. In dieser Zeit sollte sich der Teig verdoppeln.

3   Auf einer leicht bemehlten Arbeitsfläche rund wirken, das heißt den Teig mit den Handballen formen, indem der Brotteig von außen nach innen wie eine Kugel eingeschlagen wird. Dadurch entsteht ein runder, straffer Teigling. Den Teig mit einer Teigkarte in 8 gleich große Stücke teilen. Diese zu Kugeln schleifen und dann mit dem Nudelholz zu einem dünnen Rechteck ausrollen. Zu Salzstangen formen, dazu diese an der Unterseite beginnend einrollen. Die andere Hand hält das obere Ende des Teiges straff.

4   Auf ein mit Backpapier belegtes Blech geben. Milch und Ei verrühren, die Salzstangen mit der Eimischung bepinseln und mit Salz und Kümmel bestreuen.

5   Im vorgeheizten Backofen bei 180 Grad ca. 15 Minuten backen, bis die Salzstangen goldgelb sind.

TIPP: Die Salzstangerl können ganz nach deinem Geschmack mit verschiedenen Körnern und/oder Saaten (zum Beispiel Sesamsamen) immer wieder variiert werden.

Nudelteig

♥

Zeit: 50 Minuten

Zutaten
150 g griffiges Mehl
150 g Grieß
½ TL Salz
150 ml kaltes Wasser
2 TL Olivenöl
Mehl für die Arbeitsfläche

Zubereitung

1 Mehl mit Grieß und Salz vermengen.
2 Wasser und Olivenöl langsam zugeben und alles zu einem glatten Teig verkneten.
3 30 Minuten in Folie gewickelt im Kühlschrank ruhen lassen.
4 Den Teig auf einer leicht bemehlten Arbeitsfläche dünn ausrollen, eine enge Rolle formen und diese in ca. 1 Zentimeter breite Streifen schneiden.
5 Die Nudeln können sofort gekocht werden (ca. 5 Minuten) oder zu Nestern geformt getrocknet werden. Hierfür ein Tuch auf einem Brett ausbreiten und die Nester bei Zimmertemperatur für einige Tage liegen lassen, bis sie durchgetrocknet sind.

TIPP: Nudeln können nach Lust und Laune geformt, aber auch gefärbt werden. Es eignet sich pürierter Spinat oder Bärlauch, aber auch Karotten, der Saft von Roten Rüben und Co., um die Nudeln bunt zu färben.

Lasagneblätter

♥

Zeit: 2 Tage

Zutaten
300 g Universalmehl
(Mischung aus glattem
und griffigem Mehl im
Verhältnis 1:1)
½ TL Salz
3 Eier
40 ml Wasser
2 EL Olivenöl

Zubereitung

1 Alle Zutaten rasch zu einem glatten Teig verkneten und anschließend für ca. 20 Minuten kalt stellen.
2 Den Teig zu einer Kugel formen, leicht flach drücken und durch eine Nudelteigpresse führen.
3 Diesen Schritt 2-3 Mal wiederholen, bis der Teig die gewünschte Stärke hat.
4 Den Teig in gleich große Stücke schneiden und an der Luft 2 Tage trocknen lassen.
5 Wer keine Nudelmaschine hat, kann den Teig auch mit Hilfe eines Nudelholzes dünn ausrollen und mit einem Pizzaschneider in gleich große Stücke schneiden.

TIPP: Ich lege von meinen Lasagneblättern einen Vorrat an und schneide sie in quadratische Stücke, die so groß sind wie die Box, in der ich sie lagere.

Frühling ist,
wenn die Seele wieder
bunt denkt.

Mein Familiengarten im Frühling

Im Frühling beginnt die Natur wieder aufzuatmen. Der lange Winter ist vorüber, alle Zeichen stehen nun wieder auf Anfang. Sobald der Nachtfrost vorüber ist, ist es an der Zeit, die Beete startklar für die neue Saison zu machen. Die Erde sollte nicht mehr kalt und gefroren sein, daher wartet man gemäßigte Temperaturen ab. Ich starte meistens um die Märzmitte mit der Vorbereitung meiner Beete.

Die letzten vertrockneten Gemüsepflanzen, die über den Winter im Garten verweilt haben, werden nun entfernt. Das Laub, das im Herbst auf die Beete gelegt wurde, ebenfalls. Die Erdschicht darunter sollte nun locker umgegraben werden. Außerdem können die Beete nun auch gemulcht werden. Ich mulche meine Beete in der Regel im Frühling. Zu dieser Zeit fülle ich die teilweise abgesunkenen Beete mit frischer Erde auf und mische diese zu einem Drittel mit Dünger aus meinem eigenen Kompost. Auf diese Schicht wird nun eine Mulchschicht aufgetragen. Mulchen bedeutet, die Erde mit leicht verrottbarem, natürlichem Material zu bedecken, zum Beispiel Stroh, aber auch Blätter oder Rasenschnitt. Wie auf einem Kompost wird diese Schicht nun allmählich von den Bodenlebewesen zu Humus umgewandelt. Die Mulchschicht schützt die Jungpflanzen und führt außerdem dazu, dass sich die Feuchtigkeit länger im Boden hält. So entsteht eine natürliche Kreislaufwirtschaft im Garten, wie sie etwa auch im Wald stattfindet.

So belasse ich die Beete bis zur Aussaat meiner Jungpflanzen Mitte Mai. Die Beete, in die ich direkt aussäe, spare ich mit der Düngung aus und bringe lediglich neue Erde mit in die Beete ein. Diesen Teil meines Gemüsegartens dünge ich erst im Herbst nach der Ernte. Um einen guten Überblick zu behalten, empfehle ich, ein Gartentagebuch anzulegen. So vergisst man nicht, welche Beete bereits gedüngt sind und welche nicht, und in welcher Reihenfolge man sät und pflanzt.

Außerdem ist jetzt auch ein guter Zeitpunkt, um die Obstbäume zurückzuschneiden. Dies sollte geschehen, bevor sie in Blüte stehen, also solange die Knospen noch nicht aufgesprungen sind. Die Bäume auszulichten, ist eine gute Idee, um den Ertrag zu steigern. Sollte es im Frühling vergessen werden oder keine Zeit sein, kann der Rückschnitt auch im Herbst erfolgen, nach der Ernte. Wer sich den Rückschnitt nicht selbst nicht zutraut, kann sich Hilfe von fachkundigen Gärtnern holen oder einen Workshop zum Thema besuchen. Die Angebote zu diesem Thema sind oft schon sehr gut gestreut.

Direktsaat im Frühling

Nicht alle Gemüse- und Obstsorten und/oder Kräuter müssen im Haus oder Gewächshaus vorgezogen werden. Bei fast allen Sorten ist es möglich eine Direktsaat vorzunehmen. Wie im Frühbeet im Haus wird auch bei der Direktsaat nach einigen Wochen pikiert und vereinzelt. Das ist wichtig, damit die Jungpflanzen nicht zu eng beieinander stehen und der Ertrag ausreichend wird.

Ob man direkt ins Beet sät oder Pflanzen im Wohnzimmer vorzieht, ist zum einen Geschmacksache und zum anderen auch einer Frage der Zeit und des Ertrages. Ich bevorzuge eine Mischung beider Vorgehensweisen. Warum ich beide Arten mische? Die Antwort ist ganz einfach: Sobald es draußen

Gartenarbeiten im Frühling

- Herbstlaub von den Beeten entfernen
- Gemüse- und Hochbeete auffüllen
- Locker umgraben und Kompost einbringen
- Pflanzplan anlegen
- Direktsaat von Bohnen
- Frühlingsgemüse wie Radieschen, Karotten, Spinat direkt in die Beete aussäen
- Gartentagebuch vorbereiten
- Vorziehen auf der Fensterbank
- Bäume und Hecke zurückschneiden
- Regentonne vorbereiten
- Gartenwasser/Wasserpumpe aktiveren

wärmer wird, möchte ich so schnell es geht nicht nur Pflanzen einbringen, sondern auch ernten. Ziehe ich Jungpflanzen im Warmen vor, so kann ich mir sicher sein, bald und schnell einen guten Ertrag zu haben. Parallel zur Pflanzung meiner vorgezogenen Jungpflanzen, streue ich eine Direktsaat ins Beet. Das bedeutet in der Regel, dass ich einige Wochen später eine weitere Charge an Jungpflanzen im Beet haben werde und mir ein langer Ertrag über die gesamte Erntezeit möglich sein wird. Gerade bei Gemüsesorten wie Rote Rüben oder Kohlrabi lohnt sich die Vorgehensweise des Vorziehens sehr.

Gemüse wie Spinat, Salate, Karotten oder Radieschen bringe ich ausschließlich durch Direktsaat in meine Beete ein und ziehe die Pflanzen nicht vor. Im Rhythmus von ca. fünf Wochen säe ich eine weitere Direktsaat nach, um rund ums Gartenjahr regelmäßig ernten zu können.

Blumensamen einbringen

Mit Blumensamen verhält es sich ähnlich wie mit Gemüse und Kräutern. Manche Blumenzöglinge sind sehr empfindlich gegen kalte Temperaturen und sollten im Haus oder Gewächshaus vorgezogen werden. Andere sind robust und können mittels Direktsaat sofort in die Beete gestreut werden.

Ich bepflanze nicht nur meinen Garten mit allerlei Schnittblumen, sondern auch meinen Gemüsegarten. Zum einen kann ich so einzelne Gemüsesorten voneinander optisch trennen, auf der anderen Seite locke ich so um ein Vielfaches mehr an Insekten, Bienen und Hummeln in meinem Familiengarten, die für eine optimale Bestäubung meiner Gemüsepflanzen wichtig sind.

Beete anlegen: Fruchtfolge & Co.

Um meinen Familiengarten optimal zu nutzen, achte ich vor allem auf die Fruchtfolge und die richtigen Beetpartner. Ich bin großer Fan von Mischkulturen, hierbei werden die zueinanderpassenden Pflanzen zusammen angepflanzt. Sie unterstützen sich gegenseitig, der Ertrag ist höher und auch der Schädlingsbefall ist um ein Vielfaches niedriger. Wie man die Beete genau anlegt, ist einem selbst überlassen. Es hängt vom eigenen Geschmack und Bedarf ab und natürlich auch vom Platz. Ich plane in der Regel meine Beete in jedem Jahr ähnlich, was sich bewährt hat, wiederhole ich gerne.

Kauft man Saatgut selbst, kann man auf den Rückseiten der Verpackungen genau entnehmen, welche Pflanzen und Sorten zueinanderpassen und welche nicht. So kann man einen ganz individuellen Pflanzplan vorab erstellen. Sind die Beete abgeerntet, lasse ich sie nicht brach liegen, sondern bepflanze sie in der Saison sofort neu. In der Mitte des Sommers können so beispielsweise nochmals Spinatsamen eingestreut werden oder Gemüse für den Winter gepflanzt werden. Über die Wintermonate können viele robuste Gemüsesorten im Garten geerntet werden, hier empfehle ich vor allem Kohlsorten und Kraut, aber auch Karotten und Schwarzwurzeln können Ende des Sommers bereits eingebracht werden und somit im Winter oder zu Beginn des nächsten Frühlings geerntet werden.

Werden die Beete über den Winter nicht bepflanzt, können nach der Ernte, am Ende des Sommers Gründüngung in die Beete eingebracht werde. Pflanzen wie Sommerwicken oder Phacelia versorgen die Böden mit Stickstoff und bringen die Beete wieder in ein Gleichgewicht.

TIPP: Achte beim Saatgutkauf auf Sortenreinheit. So kannst du nach dem Verblühen deiner Blumen auch Samen ernten und im nächsten Jahr erneut neue Pflanzen selbst ziehen. Mehr zur Samenernte findest du im Kapitel „Der Familiengarten im Herbst" (Seite 150).

Mini-Treibhaus

für die Fensterbank

Materialliste

1 leerer Eierkarton
Lineal
Stift
Schere
Klarsichtfolie
Klebestreifen
Anzuchterde
Gemüsesamen

do it yourself

Den Eierkarton aufklappen und im Deckel 1 Zentimeter vom Rand gemessen mit Lineal und Stift ein Rechteck zeichnen. Dieses mit der Schere ausschneiden. Den Ausschnitt nun als Schablone auf der Klarsichtfolie nutzen und auf die Folie übertragen. Dabei rundum 1 Zentimeter zugeben und ebenso mit der Schere zuschneiden.

Die zugeschnittene Folie von innen in den Deckel des Eierkartons legen und die Ecken mit Klebestreifen fixieren. Die Kammern des Eierkartons zu zwei Drittel mit Anzuchterde füllen, in jede Kammer ein Samenkorn drücken und mit Erde bedecken. Vorsichtig angießen und den Deckel schließen. Auf der Fensterbank kann man nun den Pflanzen beim Wachsen zusehen.

Sind die Pflanzen groß genug, den Deckel nicht mehr schließen und diese bei Zeiten in größere Gefäße oder in den Gemüsegarten umsetzen.

Naschgarten für Kinder

Kinder naschen Früchte gerne am liebsten direkt vom Strauch. Ein Naschgarten ist somit nicht nur eine wunderbare Idee, um mit und für Kinder Gemüse und Obst zu pflanzen, er ist außerdem eine tolle Möglichkeit, Kinder ganz spielerisch ans Gärtnern heranzuführen.

Ein Naschgarten kann schon auf kleinster Fläche angelegt werden und oft reicht ein kleines Beet oder Balkonkasten, um Kindern ihre eigene Fläche zur Verfügung zu stellen. Wir nutzen dafür als günstige Lösung eine Bauwanne aus dem Baumarkt. So können die Kinder bereits beim Befüllen und Aussetzen der Jungpflanzen mithelfen und sich täglich selbst um ihre Pflanzen kümmern und sie bewässern.

Welche Pflanzen in einen Naschgarten kommen, kann ganz individuell nach dem Geschmack des Kindes entschieden werden. Wir pflanzen gerne Gemüse in Miniform, zum direkten Pflücken und Naschen.

Materialliste

Große Bauwanne (aus dem Baumarkt)
Bohrmaschine
Einige Steine (z.B. Flusskiesel oder Marmorkies)
Kompost und Gartenerde
Jungpflanzen und Samen ganz nach Geschmack, z.B. Erdbeeren, Tomaten, Paprika, Gurken, Radieschen, Karotten usw.
Pflanzenerde
Gartenschaufel
Pflanzenstecker

do it yourself

Die Bauwanne auf den Kopf stellen und mit der Bohrmaschine einige Löcher in den Boden bohren (ca. 10-15), damit später das Wasser gut abfließen kann und es zu keiner Staunässe kommt.

Die Bauwanne wieder umdrehen, zu einem Viertel mit Flusskiesel oder Marmorkies anfüllen, so können die Löcher nicht mit Erde verstopfen. Die Wanne mit Erde auffüllen, dabei zum Rand nach oben ca. 10 Zentimeter frei lassen. Die kleinen Pflanzen mit Abstand in die Erde setzen und mit Pflanzensteckern versehen.

Bienenhotel

Kindern das Gärtnern näher zu bringen, funktioniert besonders gut, wenn man mit ihnen zusammen kleine Gartenprojekte bastelt, die zum Beobachten der tierischen Bewohner einladen. Ein solches Projekt – mein liebstes überhaupt – ist das Bienenhotel. Es lässt sich ganz Zero Waste aus einer alten Konservendose basteln. Und lassen sich die ersten Wildbienen nieder, ist die Freude riesengroß.

Materialliste

1 alte Konservendose
(mindestens 10 cm
hoch)
Schleifpapier
Lineal oder Metermaß
Offene Bambusstäbe
(Innendurchmesser ca.
5-6 mm)
Säge
Alte Zeitung, Serviette
oder Ähnliches
Draht oder Schnur zum
Befestigen
Eventuell Farbe zum
Bemalen

do it yourself

Die Konservendose gut auswaschen und die scharfkantigen Ränder ein wenig abschleifen, bevor Kinder damit arbeiten, damit sie sich nicht verletzen können. Die Dose sollte mindestens 10 Zentimeter hoch sein, um den Bienen später genug Platz zu bieten. Die genaue Tiefe mit einem Lineal oder Metermaß ermitteln und die Bambusstäbe genau 2 Zentimeter kürzer sägen als die Dose hoch ist, mindestens aber 8 Zentimeter lang.

Die Enden der zugesägten Stäbe verschließen, zum Beispiel mit kleinen Papierkügelchen aus Servietten oder alten Zeitungen. Die Bambusstäbe werden bis ganz an den Boden mit den Öffnungen nach oben in die Dose gestapelt, dicht an dicht, bis die Dose voll ist.

Die Dose sollte an einen guten Platz gesetzt werden: in der Nähe vieler Blumen oder blühender Sträucher und an einem Platz, der etwas geschützt vom Regen ist. Es eignen sich dafür natürlich Mauervorsprünge, aber auch direkt in der Astgabelung eines Baumes kann so ein Bienenhotel befestigt werden. Eine gute Verankerung ist wichtig, damit es nicht herunterfallen kann oder von Wind und Wetter durchgeschüttelt wird. Am besten mit einer Schnur oder einem Stück Draht befestigen. Nach Wunsch kann das Bienenhotel auch bemalt werden.

Bohnenrankhilfe

im Topf

Materialliste

Großer Topf aus Kunst-
stoff für Garten oder
Balkon (Durchmesser ca.
30 cm oder größer)
Markierstift
Schere
Anzuchterde
1 langer Bambusstab
(mind. 2 Meter Länge)
Einige Meter Garten-
schnur
Dicke rote Bohnen (Jung-
pflanzen)

do it yourself

Die Vorbereitungen des Topfes sind der erste Schritt. Rundum, ca.
2 Zentimeter vom Rand entfernt, setzen wir mit einem Markierstift
alle 5 Zentimeter einen Punkt, der mit Hilfe einer Schere durchsto-
chen wird.

Den Topf mit Erde anfüllen, den Bambusstab mittig darin platzieren.
Durch die Löcher nun Gartenschur ziehen und diese an der Spitze des
Bambusstabes fixieren. Die Bohnenjungpflanzen am Rand entlang
pflanzen. Sobald sich Ausläufer bilden, diese immer wieder vorsichtig
um die Schnur legen. So wachsen die Bohnenpflanzen entlang der
Schnüre bis zur Spitze unseres Stabes.

Ostereier färben

mit Naturfarben

Ostereier zu färben, gehört in jedem Jahr zu unseren Vorbereitungen auf das Osterfest. Traditionell färben wir unsere Ostereier eine Woche vor Ostern, also am Palmsonntag. Schon seit vielen Jahren verwenden wir hierfür ausschließlich natürliche Farben, die sich aus Obst, Gemüse, aber auch Kräutern extrahieren lassen. So entstehen kunterbunte Eier ohne gesundheitsgefährdende Farbstoffe, die nicht nur bedenkenlos genossen werden können, sondern auch hübsch anzusehen sind.

Materialliste

Apfelessig
Tuch oder Wattepad
10 Eier (braun und weiß)
Kräuter, Blätter und
  Gräser aus dem Garten
Alte Nylonstrumpfhosen
Bindfaden
½ Kopf Rotkraut
200 g Spinat
2-3 Rote Rüben
Eine kleine Schüssel voll
  Zwiebelschalen (rot und/
  oder braun)

do it yourself

Etwas Essig auf ein Tuch oder Wattepad geben und die Eier damit gut säubern. So bleibt die Farbe besser an den Eiern haften und der Zahlencode der Eier lässt sich so komplett entfernen.

Die Kräuter in ein Glas Wasser tunken und auf die Eier legen. Durch die Nässe bleiben sie auf den Eiern haften. Die Nylonstrumpfhose in Stücke schneiden und die Eier damit vorsichtig einwickeln. Die Strumpfhosenstücke jeweils an den beiden Seiten der Eier zusammendrehen und mit einem Stück Faden verschließen.

Für jede Farbe wird ein separater Topf benötigt und damit der Farbsud hergestellt. Das Rotkraut in grobe Stücke schneiden, die Spinatblätter können belassen werden, wie sie sind. Beides in separate Töpfe geben. Die Roten Rüben schälen, vierteln und in einen weiteren Topf geben. Die Zwiebelschalen ebenso in einen Topf geben. Gemüse und Schalen jeweils mit Wasser bedecken und aufkochen lassen. Bei mittlerer Stufe mindestens 1 Stunde köcheln lassen.

Den Sud abkühlen lassen, damit die Eier bei der Zugabe nicht platzen, dann die Eier einlegen und langsam wieder aufkochen lassen. Die Eier für ca. 20 Minuten im Farbsud lassen, anschließend herausnehmen und gut auskühlen lassen. Nach dem Färben die Strumpfhosenstücke vorsichtig abnehmen und die Kräuter abziehen. Die Eier trocken tupfen, um die Farbe nicht mehr abzuwischen.

Hollerblüten

im Backteig

Die Hollerzeit läutet für mich die warme Jahreszeit ein. Das neue Gartenjahr ist im Werden und die ersten selbst gemachten Köstlichkeiten landen auf dem Teller – ein besonderes Highlight sind selbst gebackene Hollerblüten.

Zeit: 30 Minuten

Zutaten
Einige Hollerblüten (pro
   Person 2-3 Dolden)
3 Eier
200 ml Milch
160 g glattes Weizenmehl
1 Prise Salz
Sonnenblumenöl zum
   Backen
Staubzucker zum Be-
   streuen

Zubereitung

1 Die Hollerblüten bei Bedarf von den Zweigen schneiden, dabei die Hollerblütenstiele unbedingt dran lassen. Vorsichtig mit Wasser abspülen und trockentupfen.
2 Die Eier mit Milch, Mehl und Salz gut vermengen. Eine beschichtete Pfanne ca. fingerdick hoch mit Sonnenblumenöl füllen und erhitzen. Die Hollerblütendolden in die Teigmasse tunken, kurz abtropfen lassen und direkt im heißen Fett goldgelb backen.
3 Auf Küchenpapier abtropfen lassen und mit Staubzucker bestreuen.

Biskuittörtchen

mit Rhabarber-Curd

Rhabarber macht nicht nur im Kompott oder einer Marmelade eine gute Figur, er ist so wunderbar wandelbar, dass sich daraus auch ein Curd zaubern lässt. Die fruchtige Creme passt in süße Rouladen, als Topping aufs Joghurt, aber auch in meine Biskuittörtchen.

Zeit: 30 Minuten

Zutaten

Für die Biskuittörtchen
5 Eier
1 Prise Salz
120 g brauner Zucker
1 Pkg. Vanillezucker
100 g glattes Mehl

Für den Rhabarber-Curd
300 g Rhabarber
100 g Butter
200 g Staubzucker
3 Eier

Außerdem
6 Tarteletteförmchen
   (Durchmesser ca. 10 cm)
Butter zum Einfetten

Zubereitung

1   Für die Biskuittörtchen die Eier trennen, das Eiweiß mit Salz steif schlagen. Die Eigelbe mit braunem Zucker und Vanillezucker schaumig rühren.

2   Abwechselnd den Eischnee und das Mehl fein über die Zucker-Ei-Masse geben bzw. sieben, dann unterheben.

3   Die Tarteletteförmchen mit Butter einfetten und zur Hälfte mit Teig füllen. Auf ein Backblech stellen und im vorgeheizten Backofen bei 180 Grad (Umluft) 8-10 Minuten backen.

4   In der Zwischenzeit den Rhabarber-Curd zubereiten. Den Rhabarber waschen und möglichst nicht schälen. In feine Stücke schneiden und in einem Topf zu zwei Drittel mit Wasser bedecken, das Ganze zum Kochen bringen und bei mittlerer Hitze weich kochen. Anschließend fein pürieren.

5   In einem Topf Butter und Staubzucker zusammen langsam erhitzen und gut verrühren. Die pürierte Rhabarbermasse einrühren.

6   Die Eier aufschlagen, verquirlen und unter ständigem Rühren in die Masse einarbeiten. So lange erhitzen und rühren, bis eine dickflüssige Creme entsteht. Diese heiß in Marmeladengläser abfüllen und gut verschließen.

7   Die kleinen Biskuitböden abkühlen lassen und vorsichtig aus den Formen lösen. Mit Rhabarber-Curd füllen.

TIPP: Der fertige Curd hält gut verschlossen im Kühlschrank ca. 2 Wochen.

Birnen-Streuselkuchen

mit Mandelsplittern

Die letzten eingelagerten Herbstbirnen verarbeite ich im Frühling zu einem süßen Streuselkuchen vom Blech.

Zeit: 1 Stunde

Zutaten für 1 Backblech
3 Eier
190 g Zucker
1 TL Vanillezucker
100 g Buttermilch
Saft und Abrieb von
   ½ Zitrone
1 TL Backpulver
250 g Topfen
260 g Vollkorndinkelmehl
40 g feines Mandelmehl
80 ml Sonnenblumenöl
4-5 mittelgroße Birnen
100g Mandelsplitter
Staubzucker zum Be-
   streuen

Zubereitung

1 Die Eier mit Zucker, Vanillezucker und Buttermilch schaumig rühren.
2 Die restlichen Zutaten bis auf die Birnen und die Mandelsplitter zugeben und zu einem glatten Teig verrühren.
3 Ein Backblech mit Backpapier auslegen und die Teigmasse darauf verteilen.
4 Die Birnen waschen, halbieren, entkernen und in Scheiben schneiden.
5 Den Teig mit den Birnenscheiben belegen, die Mandelsplitter darüber streuen und im vorgeheizten Backofen bei 180 Grad 40 Minuten backen.
6 Den Kuchen aus dem Ofen nehmen, kurz abkühlen lassen und mit Staubzucker bestreuen.

Ribisel-Popsicles

Selbst gemachtes Eis lässt Kinderherzen höher schlagen. Besonders die süß-sauren Ribisel passen perfekt in Eis am Stiel.

Zeit: 12 Stunden Kühlzeit

Zutaten für 6 Popsicles
1 Zitrone
3 EL Reissirup
100 g Ribiseln
250 g Naturjoghurt
Optional braunen Zucker
   für mehr Süße

Zubereitung

1 Die Zitrone halbieren, auspressen und den Saft mit 200 Milliliter Wasser und Reissirup vermischen. Die Masse in 6 Eisformen verteilen und diese für mindestens 30 Minuten im Tiefkühler kalt stellen.
2 250g Naturjoghurt zusammen mit den Ribiseln pürieren, nach Geschmack mit Zucker süßen und die Masse auf den Eisformen verteilen.
3 Das Eis in den Formen am besten über Nacht gut durchfrieren lassen. Zum Genießen vorsichtig aus den Formen lösen und schmecken lassen.

TIPP: Eis am Stiel kann ganz nach Lust und Laune in den Geschmacksrichtungen variiert werden, dafür die Ribiseln zum Beispiel durch Himbeeren oder Heidelbeeren ersetzen. Ich empfehle im Sommer einen kleinen Eisvorrat im Kühlschrank.

Marmor-Gugelhupf
mit Lavendelzuckerglasur

Lavendel ist nicht nur wertvolles Bienenfutter im Frühling, mit den Blüten lässt sich auch Haushaltszucker ganz einfach parfümieren und wird dadurch zu einer kleinen Besonderheit. Dafür einfach abwechselnd Lavendelblüten und Zucker in ein Schraubglas füllen und nach Lust und Laune damit Kuchen verfeinern.

Zeit: 1 Stunde

Zutaten

Für den Gugelhupf
3 Eier
140 g brauner Zucker
100 g Buttermilch
1 Prise Salz
2 TL Backpulver
160 g Dinkelmehl
80 g Butter
2 TL ungesüßter (Roh-) Kakao
50 ml heißes Wasser

Für die Lavendelzuckerglasur
2 EL Lavendelzucker
1 EL Milch
Saft von ½ Zitrone

Außerdem
Butter und Mehl für die Form
Lavendelblüten zum Garnieren

Zubereitung

1 Eier, Zucker, Buttermilch und Salz mit der Küchenmaschine bei hoher Geschwindigkeit 5 Minuten schaumig schlagen.
2 Backpulver und Mehl miteinander versieben. Die Butter in einem Topf langsam erwärmen und flüssig werden lassen. Abwechselnd mit der Mehl-Backpulver-Mischung unter die Eiermasse heben und gut verrühren.
3 Den Kakao in einer Tasse mit heißem Wasser auflösen.
4 Eine Gugelhupfform einfetten und mit Mehl bestäuben. 2/3 der Teigmasse hineinfüllen.
5 Den Kakao unter die restliche Teigmasse rühren. Auf den hellen Teig in der Gugelhupfform gießen. Mit einer Gabel spiralförmig durch die Masse gehen, um die Teige miteinander zu mischen. Im vorgeheizten Backofen bei 200 Grad (Umluft) 30-40 Minuten backen.
6 Für die Glasur alle Zutaten miteinander vermengen. Über den ausgekühlten Gugelhupf gießen und mit Lavendelblüten garnieren.

Ein Sirup, der in jeder Frühlingsernteperiode bei uns nicht fehlen darf, ist der Holundersirup. Kalt serviert mit Eiswürfeln und frischen Zitronenscheiben trägt uns die Erfrischung über den Sommer.

Zeit: 4 Tage

Zutaten
Ca. 20 Hollerdolden
2 Zitronen
1 Limette
1 kg Zucker
2 EL Zitronensäure
Optional fertigen Sirup-
   zucker, der bereits
   Zitronensäure enthält

Zubereitung

1 Die Holunderdolden pflücken und vorsichtig waschen, dann in eine Schüssel geben und mit Wasser bedecken (ca. 2-3 Liter).
2 Zitronen und Limette heiß waschen, trocknen, in Scheiben schneiden und zu den Dolden geben. Im Kühlschrank 3 Tage ruhen und durchziehen lassen. Zwei Mal täglich gut durchrühren.
3 Am vierten Tag die Dolden abseihen, am besten durch einen Mullstoff oder ein Leinentuch drücken, den Sud dabei auffangen.
4 Den Sud in einen Topf füllen, den Zucker darin auflösen und das Ganze aufkochen lassen. Auf kleiner Stufe ca. 30 Minuten köcheln lassen und anschließend den Holundersirup noch heiß in sterilisierte Flaschen abfüllen.
5 Der Sirup hält sich dunkel und kühl gelagert für mehrere Monate.

TIPP: Zwei bis drei Flaschen Sirup gut im Vorratsraum verstecken. Es gibt nichts Schöneres, als im Winter ein Glas voll Sommer zu genießen.

Wildkräutersalat

mit Karottenfalafel

Der Frühling zeigt sich uns in den ersten Salatpflanzen, die ihre Blätter gegen die Sonne strecken. Portulak, Ampfer, Löwenzahnblätter und Co. finden sich dann in jedem Garten. Diese herrlichen Frühlingsboten stecken voller Vitamine und sind in einem Salat mit Falafel genau richtig, um den Frühling auf den Teller zu zaubern.

Zeit: 20 Minuten

Zutaten

Für den Salat
Eine Schüssel voll
  Kräuter und Salaten aus
  dem Garten mit Blatt-
  salaten, z.B. Asiasalate,
  Portulak und Spitzwege-
  rich, aber auch Sauer-
  ampfer und Löwenzahn-
  blätter
Ein passendes Lieblings-
  dressing (Seite 70)

Für die Falafel
200 g Karotten
1 Dose gegarte Kicher-
  erbsen (250 g)
2 EL Semmelbrösel
2 EL glattes Weizenmehl
Semmelbrösel zum
  Wälzen
Sonnenblumenöl zum
  Braten

Zubereitung

1 Die Karotten waschen, schälen und in Scheiben schneiden. In einen Topf geben, zu 2/3 mit Wasser bedecken und weich garen. Mit einem Stabmixer zu einer feinen Masse pürieren.

2 Die Kichererbsen abtropfen lassen, in einer Schüssel fein pürieren und mit den abgekühlten Karotten, Semmelbröseln und Mehl zu einer Masse verrühren, die sich gut formen lässt.

3 Mit einem Fsslöffel Portionen aus dem Teig abstechen und diese zu Kugeln formen. In einer Schüssel mit Semmelbröseln wälzen.

4 Eine Pfanne mit ca. 4 Esslöffel Sonnenblumenöl erhitzen und die Falafeln darin langsam von allen Seiten goldgelb backen. Auf Küchenpapier abtropfen lassen.

5 Für den Salat alle Kräuter und Salate gut waschen, trockenschüt-teln, mit dem Dressing anmachen und in einer Schüssel zusammen mit den Falafeln anrichten.

Mangoldrouladen

Mangold ist rund ums Gartenjahr ein absoluter Liebling auf unserer Tellern. Er wächst schnell und so können die großen Blätter immer wieder geerntet und verarbeitet werden. Gewickelt als Rouladen und überbacken aus dem Ofen sind sie ein besonderes Highlight.

Zeit: 1 Stunde

Zutaten

8 große Mangoldblätter
   mit Stielen
200 g Couscous
½ Fenchelknolle
2 Frühlingszwiebeln
100 g geriebener Cheddar
Salz und Kräuter zum
   Würzen

Für die Soße

2 getrocknete Tomaten
1 getrocknete rote Paprika
50 g Crème fraîche
100 ml Suppenfond

Zubereitung

1 Die Stiele von den Mangoldblättern entfernen, die Blätter in kochendem Wasser für 30 Sekunden blanchieren. Anschließend in einer Schüssel mit Eiswürfeln und kaltem Wasser abschrecken.

2 Den Couscous in einem Topf mit 200 ml kochendem Wasser übergießen und bei geschlossenem Deckel 10 Minuten ziehen lassen.

3 In der Zwischenzeit den Fenchel waschen, halbieren, den Strunk entfernen und den Fenchel in feine Streifen schneiden. Die Mangoldstiele und die Frühlingszwiebeln fein hacken.

4 Das Gemüse in einer Schüssel zusammen mit Couscous und Cheddar vermengen.

5 Die Mangoldblätter auf der Arbeitsfläche ausbreiten, jeweils im unteren Drittel mit der Masse befüllen, links und rechts einschlagen, gut aufwickeln und mit der Naht nach unten in eine Ofenform legen.

6 Alle Zutaten für die Soße zusammen in einem Standmixer oder mit dem Stabmixer mixen und über die Mangoldrouladen gießen.

7 Die Rouladen im vorgeheizten Backofen bei 180 Grad ca. 20 Minuten garen.

One Pot Pasta

Die wohl schnellste Möglichkeit, ein Pastagericht auf den Tisch zu zaubern, ist, alle Zutaten zusammen in einem Topf zu garen. Die sogenannte One Pot Pasta ist schon länger in aller Munde – und das völlig zurecht. Sie ist ganz nach deinem Geschmack wandelbar mit Gemüse, das du gerne hast.

Zeit: 35 Minuten

Zutaten
400 g Linguine
3 EL Hefeflocken
1 EL Tomatenmark
200 g passierte Tomaten
2 Handvoll frischer Spinat
   aus dem Garten
300 ml Wasser

Zubereitung

1 Alle Zutaten zusammen in einen großen Topf schichten (mit den Nudeln beginnen) und mit dem Wasser übergießen. Auf dem Herd leicht köcheln lassen.
2 Immer wieder umrühren, bis die Soße sämig und die Nudeln al dente sind. Sollte die Flüssigkeit zu schnell verdampfen, Wasser nachgießen.

TIPP: Zur Pasta passt wunderbar frischer Salat.

Gemüsestrudel

Frisches Gemüse verarbeite ich am liebsten in einem guten Strudel. Der schmeckt nicht nur mir, sondern auch den Kindern.

Zeit: 1,5 Stunden

Zutaten

Für den Strudel
½ Kopf Rotkraut
2 EL Apfelessig
2 EL Zucker
Salz
4 Karotten mit Grün
2 Packungen Blätterteig
  à 275 g
2 EL Milch
1 Ei

Für die Soße
1 rote Zwiebel
1 EL Olivenöl
100 ml Schlagobers
50 g Crème fraîche
1 EL Tomatenmark
½ TL Suppenpaste
  (Seite 192)

Zubereitung

1. Das Rotkraut vom Strunk befreien und in feine Streifen schneiden. In einen Topf geben, zur Hälfte mit Wasser bedecken und auf mittlerer Stufe weich garen, bis das Wasser komplett verdunstet ist. Zum Schluss Essig, Zucker und etwas Salz zugeben.

2. Die Karotten in feine Würfel schneiden, das Karottengrün zur Seite legen für die Soße.

3. Den Blätterteig jeweils zu einem großen Rechteck ausrollen und im unteren Drittel mit der Hälfte des Rotkrauts belegen, zum Rand ca. 4 Zentimeter frei lassen. Darauf die Hälfte der Karottenwürfel verteilen. Die Seiten über die Füllung klappen und den Strudel eng aufrollen. Mit der zweiten Rolle ebenso verfahren.

4. Die Strudel auf ein mit Backpapier belegtes Backblech legen und mit einer Gabel an der Oberseite einige Male einstechen.

5. Milch und Ei in einem Becher verrühren und die Gemüsestrudel damit bestreichen.

6. Die Gemüsestrudel im vorgeheizten Backofen bei 200 Grad ca. 20 Minuten backen, bis sie goldbraun sind.

7. In der Zwischenzeit die Soße vorbereiten. Die rote Zwiebel fein hacken und in einer Pfanne im Olivenöl anbraten. Die restlichen Zutaten zugeben und einkochen lassen.

8. Zum Schluss mit einem Stabmixer fein pürieren. Das Karottengrün fein hacken und in die Soße geben. Zum Strudel servieren.

Sellerieknolle aus dem Ofen

mit Polenta und Roten Rüben

Sellerie kenne ich aus meiner eigenen Kindheit nur von der kräftigen Gemüsesuppe meiner Oma. Lange war mir selbst nicht bewusst, wieviel Potential in dieser Knolle steckt und wie viele Möglichkeiten sich mit der Knolle auf dem Teller bieten. Neben der klassischen Suppe lässt sich Sellerie auch hervorragend zu Püree verarbeiten.

Ich lasse ihn im Ofen garen und serviere ihn rosa eingefärbt (durch die natürlichen Farbstoffe der Roten Rübe) als „falschen Schinken" und schaffe so ein festliches Familiengericht mit vielen Vitaminen.

Zeit: 1 Stunde

Zutaten

1 Sellerieknolle
5 rohe Rote Rüben mit
  Blättern
2 EL Butter
1 TL Kräutersalz
2 EL Semmelbrösel
200 ml Milch
200 g Polenta
1 EL Dukkah

Zubereitung

1 Die Sellerieknolle gründlich putzen und waschen, die Roten Rüben vom Grün befreien, schälen und vierteln. Zusammen mit dem Sellerie in einen Topf geben und mit Wasser bedecken. Das Wasser aufkochen lassen, auf mittlere Hitze reduzieren und köcheln lassen, bis die Roten Rüben bissfest sind.

2 Den Sellerie aus dem Sud heben und auf einem Teller abtropfen lassen. Die Roten Rüben abseihen und ebenfalls beiseitestellen.

3 1 Esslöffel Butter mit dem Kräutersalz vermengen. Die Sellerieknolle an der Oberseite damit einreiben und mit Brotbröseln bestreuen, sodass diese auf der Knolle haften bleiben. In einen ofenfesten Bräter geben und im vorgeheizten Backofen bei 180 Grad (Umluft) für ca. 20 Minuten weich garen.

4 In der Zwischenzeit die Polenta kochen. Die Milch in einem Topf erwärmen, die Polenta langsam einrühren und unter ständigem Rühren zum Kochen bringen. Die Hitze reduzieren und die Polenta mit Kräutersalz würzen. Den Topf vom Herd ziehen, 1 Esslöffel Butter zugeben und in der Polenta schmelzen lassen.

5 Die Roten Rüben in Würfel schneiden und mit Dukkah bestreuen.

6 Den fertig gegarten Sellerie in feine Scheiben schneiden und auf einer Platte mit Polenta und Roten Rüben anrichten.

TIPP: Das Kochwasser der Roten Rüben eignet sich noch hervorragend, um damit Stoffservietten einzufärben, aber auch, um damit Kuchenteig bunt zu machen oder Zuckerglasuren zu färben. Es kann in Eiswürfelformen eingefroren werden.

Dreierlei Salatdressing

Kaum eine Mahlzeit steht bei uns auf dem Tisch ohne Salat als Beilage. Wir lieben Salate in allen Variationen, egal ob Vogerlsalat, Asiasalat oder Blattsalat. Zu Salaten gehört natürlich auch das richtige Dressing.

Honig-Senf-Dressing

1 Limette · 2 EL Honig (alternativ als vegane Version Reissirup oder Agavendicksaft)
50 ml Aceto balsamico · 1 TL Senf · 50 ml Wasser

Himbeer-Joghurt-Dressing

100 g Naturjoghurt · 100 g Himbeeren · 1 EL brauner Zucker

Erdbeer-Dressing

200 g Erdbeeren · 50 ml Apfelessig · 1 EL brauner Zucker

Zeit: 10 Minuten

Für die einzelnen Dressings die Zutaten jeweils in einem Glas oder Becher miteinander vermischen bzw. mixen. Dabei die Himbeeren und Erdbeeren vorab mit dem Stabmixer pürieren, nach Wunsch durch ein Sieb passieren. Das Dressing über den Salat gießen und schmecken lassen.

TIPP: Im Winter nehme ich gerne tiefgefrorene Erdbeeren aus der Saison, die ich in meinem Tiefkühlfach lagere, oder ich ersetze die Erdbeeren durch getrocknete Früchte, wie Feigen oder Marillen, die dem Dressing auch im Winter eine wunderbar fruchtige und sommerliche Note geben.

Im verschlossenen Glas aufbewahrt bleiben Salatdressings gekühlt gelagert für einige Tage haltbar.

Knäckebrot

Knäckebrot ist sehr einfach selbst herzustellen und lässt sich über einige Tage aufbewahren. Und ist zwischendurch der beste Snack zum Dippen, Knabbern und als Proviant für unterwegs.

Zeit: 30 Minuten

Zutaten
350 g Dinkelvollkornmehl
1 TL brauner Zucker
2 EL Olivenöl
1 ½ TL Salz
80 g Sonnenblumenkerne
50 g Kürbiskerne
25 g helle Sesamsamen
25 g schwarze Sesam-
      samen

Zubereitung

1 Das Mehl mit 500 Milliliter Wasser, Zucker, Öl und Salz verkneten.
2 Sonnenblumenkerne, Kürbiskerne, helle und schwarze Sesamsamen unter die Masse kneten.
3 Den Teig auf einem Backblech zwischen zwei Lagen Backpapier dünn ausrollen, dann mit einem Backpapier darunter auf ein Blech geben.
4 Das Brot im vorgeheizten Backofen bei 180 Grad 12 Minuten backen.
5 Das Blech aus dem Ofen nehmen, das Brot in Stücke schneiden und abkühlen lassen.
6 Das Knäckebrot am besten trocken lagern.

Gebratener Chicorée

mit Kohlrabi-Apfel-Salat

Gebratener Chicorée ist nicht nur eine schnelle und einfache Möglichkeit, um Vitamine auf den Teller zu zaubern, sondern zusammen mit Kohlrabi und Apfel eine besondere Gaumenfreude. Chicorée wird wegen seiner Bitterstoffe oft nicht so gerne angebaut und gegessen, richtig gewürzt und verarbeitet sind diese allerdings wunderbar schmackhaft.

Zeit: 30 Minuten

Zutaten

Für den Salat
1 mittelgroßer Kohlrabi
2 säuerliche Äpfel
3 EL Sauerrahm
2 EL Mayonnaise
Etwas Salz zum Abschmecken

Für die Chicorée
1 EL Olivenöl
3-4 Chicorée
2 EL Aceto balsamico
2 EL Honig
Grobes Meersalz

Außerdem
Sesamsamen und Kresse zum Bestreuen

Zubereitung

1 Für den Salat den Kohlrabi schälen und zusammen mit den Äpfeln grob reiben.
2 Die Kohlrabi- und Apfelraspel in einer Schüssel mit Sauerrahm und Mayonnaise vermengen und mit Salz abschmecken.
3 Das Olivenöl in einer beschichteten Pfanne erhitzen. Die Chicorée halbieren, mit der Schnittfläche nach unten in die Pfanne legen und anbraten. Mit etwas Balsamico-Essig ablöschen. Den Honig zugeben und den Chicorée mit grobem Meersalz bestreuen.
4 Den Chicorée mit dem Salat servieren. Mit Sesam und Kresse bestreuen.

Pikante Hirsetaler

mit Kartoffeln

Im Frühling zum ersten Mal nach dem langen Winter wieder draußen im Garten zusammen essen, lachen und es sich gut gehen lassen – am besten mit Hirsetalern.

Zeit: 1 Stunde

Zutaten

Für die Kartoffeln
2 TL edelsüßes Paprika-
   pulver
3 EL Olivenöl
Saft von ½ Zitrone
Salz
500 g Kartoffeln

Für die Hirsetaler
250 g Goldhirse
5-6 Radieschen
2 Handvoll Spinat
1 Ei
3 EL glattes Weizenmehl
5 EL Semmelbrösel
Sonnenblumenöl zum
   Braten

Zubereitung

1   Für die Kartoffeln in einer Schüssel Paprikapulver, Olivenöl, Zitronen-saft und etwas Salz miteinander vermengen. Die Kartoffeln waschen, trocknen, achteln und in der Soße schwenken.

2   Die Kartoffeln auf ein mit Backpapier ausgelegtes Backblech legen und im Ofen bei 180 Grad ca. 30 Minuten backen, bis sie gar sind.

3   Die Goldhirse in einen Topf geben und mit der 1,5-fachen Menge Wasser übergießen, aufkochen lassen und bei mittlerer Hitze weich köcheln.

4   In der Zwischenzeit die Radieschen grob raspeln. Den Spinat in ko-chendem Wasser blanchieren, abgießen und kurz in Eiswasser legen, damit er die Farbe behält. Herausnehmen, ausdrücken und grob hacken.

5   Die Goldhirse mit Radieschenraspel und Spinat vermengen. Das Ei zugeben und die Masse gut vermengen. Für mehr Bindung das Mehl zugeben.

6   Den Teig zu Laibchen formen, diese in den Semmelbröseln wälzen und in einer beschichteten Pfanne in heißem Öl vorsichtig auf allen Seiten goldgelb backen.

7   Die Hirsetaler mit den Ofenkartoffeln servieren.

Gnocchi sind ein Gericht, das Zeit und Liebe braucht – aber jede Minute lohnt sich, die man in diese kleinen Schätze steckt. Der wunderbar weiche Teig ist gemischt mit Spinat besonders schmackhaft.

Zeit: 2 Stunden

Zutaten

Für die Gnocchi
350 g mehligkochende
   Kartoffeln
100 g Babyspinat
Salz
Pfeffer aus der Mühle
150 g griffiges Mehl
100 g Speisestärke

Für die Soße
1 mittelgroße rote Zwiebel
2 EL Olivenöl
1 EL Tomatenmark
1 TL mittelscharfer Senf
100 ml Dinkel- oder
   Haferdrink
2 EL Hefeflocken

Zubereitung

1 Die Kartoffeln schälen und in Wasser weich kochen.
2 Den Spinat blanchieren, kurz in Eiswasser abschrecken und anschließend mit einem Stabmixer fein pürieren.
3 Die Kartoffeln abkühlen lassen und durch eine Kartoffelpresse drücken. Mit dem Spinat vermengen. Die Masse mit Salz und Pfeffer würzen und zusammen mit dem Mehl und der Speisestärke zu einem glatten Teig verarbeiten.
4 Den Teig im Kühlschrank ca. 30 Minuten kalt stellen, bis man ihn weiter verarbeitet.
5 Den Teig aus dem Kühlschrank nehmen, auf der bemehlten Arbeitsfläche zu einer langen Rolle formen und in ca. 1 Zentimeter breite Stücke schneiden. Diese zu Kugeln formen und mit einer Gabel abrollen, damit die typischen Gnocchi-Rillen entstehen.
6 In einem Topf Wasser zum Kochen bringen und die Gnocchi auf mittlerer Stufe im Wasser ziehen lassen. Sie sind fertig, wenn sie an der Oberfläche schwimmen.
7 Für die Soße die Zwiebel fein würfeln und einem Topf im Olivenöl anbraten.Tomatenmark und Senf zugeben und ebenfalls mit anbraten. Mit Dinkel- oder Haferdrink ablöschen, aufkochen lassen und die Hefeflocken in die Soße einrühren. Auf mittlerer Stufe reduzieren lassen.
8 Die Gnocchi mit der Soße servieren.

Glasierte Honigradieschen

auf Sauerteigbrot

Einfach, schnell und eine wahre Gaumenfreude – die simplen Gerichte schmecken oft am allerbesten. Die kleinen knackigen Radieschen, frisch geerntet aus dem Garten, passen warm aus dem Ofen einfach perfekt auf frisches Brot und sind ein schneller Snack für zwischendurch.

Zeit: 20 Minuten

Zutaten

Ca. 10 Radieschen
2 EL Honig
1 EL Aceto balsamico
Meersalz
Frisches Sauerteigbrot
Butter zum Bestreichen

Zubereitung

1. Die Radieschen waschen und je nach Größe halbieren oder vierteln.
2. Den Honig in einer Schüssel mit dem Balsamico-Essig mischen und die Radieschen darin wälzen.
3. Die Radieschen auf ein mit Backpapier belegtes Blech geben, mit Meersalz bestreuen und im vorgeheizten Backofen bei 180 Grad ca. 12 Minuten garen.
4. Einige Scheiben frisches Sauerteigbrot abschneiden, mit Butter bestreichen und mit den Radieschen belegen.

Minestrone

Solange wir auf den Sommer warten, vertrösten wir unsere Sehnsucht mit einer großen Schüssel bunter Minestrone mit Frühlingsgemüse.

Zeit: 45 Minuten

Zutaten
1 rote Zwiebel
1 EL Olivenöl
1 EL Tomatenmark
3 Karotten
1 EL Suppenpaste
  (Seite 192)
150 g Makkaroni
1 Glas passierte Tomaten
  (aus der Speisekammer)
  oder 3-4 gewürfelte
  Fleischtomaten
Salz
Brotscheiben zum
  Servieren

Zubereitung

1 Die Zwiebel schälen und in feine Würfel schneiden. In einer Pfanne im Olivenöl anrösten.
2 Das Tomatenmark zugeben und ebenfalls anrösten. Die Karotten schälen, in Scheiben schneiden oder würfeln und ebenfalls mit anbraten.
3 Mit 2 Liter Wasser ablöschen und aufkochen lassen. Die Suppenpaste zugeben und die Karotten bissfest kochen.
4 Dann Nudeln und Tomaten zugeben und alles auf mittlerer Stufe köcheln lassen, bis die Nudeln al dente sind.
5 Mit Salz abschmecken und mit jeweils 1 Scheibe Brot servieren.

TIPP: Eine Minestrone ist die perfekte Resteverwertung von Gemüse, welches nicht mehr allzu knackig ist.

Omelett-Muffins

im Toastbrot

Frühstück muss nicht langweilig sein, besonders Kinder lieben meine kleinen Omelett-Muffins. Bei diesem Rezept wird Toastbrot einfach mal anders verarbeitet – als kleine pikante Schätze aus dem Ofen.

Zeit: 20 Minuten

Zutaten für 4 Muffins
4 Scheiben Toastbrot
2 Eier
60 ml Milch
Salz zum würzen
Frische Kräuter aus dem
   Garten nach Geschmack
1 gute Handvoll Blatt-
   spinat
2 EL geriebener Bergkäse
Sonnenblumenöl für die
   Form

Zubereitung

1. Die Ränder vom Toastbrot abschneiden und die Toastscheiben mit einem Nudelholz flach drücken.
2. Eine Muffinform mit Öl einpinseln und je 1 Toastscheibe vorsichtig in eine Mulde drücken.
3. Die Eier mit Milch, etwas Salz und Kräutern in einem Becher vermischen.
4. Käse und Spinat auf den Toastscheiben verteilen. Mit der Milch-Ei-Mischung auffüllen und im vorgeheizten Backofen bei 180 Grad ca. 15 Minuten backen, bis das Ei komplett gestockt ist.
5. Die Muffins aus dem Ofen nehmen, vorsichtig aus der Form lösen und servieren.

TIPP: Omelett-Muffins sind nicht nur zum Frühstück ein Hit, sondern passen perfekt in die Jausenbox, als Snack zwischendurch oder für einen Ausflug.

Reispapierrollen

mit buntem Gemüse

Wenn die Sonne die ersten warmen Strahlen in den Familiengarten schickt, sind Vogerlsalat und Radieschen die ersten Frühlingsboten, die wir frisch aus den Beeten ernten. Sie passen ganz wunderbar in kleine Sommerrollen, die aus Reispapier kalt gewickelt und gegessen werden. Eine Snackidee für Groß und Klein.

Zeit: 30 Minuten

Zutaten für ca. 8 Stück

Für die Sommerrollen

300 g Sushireis
½ TL Salz
2 Paprika
1 Bund Radieschen
2 EL Zucker
6 EL Reisessig
8 Stück Reispapier
200 g Vogerlsalat
Etwas Sesamsamen

Für die Soße

5 EL japanische Mayonnaise
½ TL Kimchi-Gewürz
2 TL Sojasoße

Zubereitung

1 Den Sushireis in einem Sieb waschen, in einen Topf geben, das Salz hinzufügen und mit der 2,5-fachen Menge Wasser (750 Milliliter) in ca. 20 Minuten gar kochen. Danach in einer Schüssel abkühlen lassen.

2 In der Zwischenzeit Paprika und Radieschen in feine Stücke schneiden.

3 Den Zucker in Reisessig auflösen, über den Sushireis kippen und gut vermengen.

4 Einen tiefen Teller ca. 2 Finger dick mit lauwarmem Wasser füllen. Eine Scheibe Reispapier hineinlegen und ca. 15 Sekunden abwarten, danach aus dem Wasser nehmen, kurz abtropfen lassen und auf einen trockenen Teller mit etwas mehr Grip legen. Das Reispapier sollte noch etwas fester sein und nicht zu labbrig.

5 Das Reispapier im unteren Drittel mit Reis und Gemüse belegen. Zum Einrollen erst die Seiten nach innen klappen, dann die Rolle von unten weg aufrollen und dabei etwas Spannung halten, damit die Sommerrolle gut zusammenhält.

6 Mit den restlichen Reisblättern ebenso verfahren. Die Rollen in der Mitte halbieren und auf einem höheren Teller anrichten.

7 Für die Soße alle Zutaten in einer Schüssel miteinander vermengen. Zu den Sommerrollen servieren.

Jeder Sommer hat seine Geschichte.

Der Garten im Sommer

Im Sommer lautet das Motto: den Familiengarten in vollen Zügen genießen. Naschen, verkosten und in der Küche verarbeiten, was gerade geerntet werden kann, und es sich schmecken lassen.

Im Sommer steht der Familiengarten in voller Blüte. Die viele Arbeit, die im Frühling zu verrichten war, wird nun sichtbar. Die ersten Pflanzen tragen bereits Früchte, Einiges konnte schon geerntet werden. Im Garten dreht sich im Sommer also alles um die Pflege unserer Pflanzen. Ausreichend gießen über die Sommermonate ist das A und O. Morgens und abends benötigen viele Pflanzen ausreichend zu trinken. Um sich die Arbeit ein wenig zu erleichtern, kann ein automatisches Bewässerungssystem installiert werden. Aber auch das Selbstbauen von Ollas ist eine wunderbare Möglichkeit, um die Pflanzen gut mit Wasser zu versorgen, zum Beispiel wenn man einige Tage in den Urlaub fährt. Die Bastelanleitung dazu findest du auf Seite 106. Außerdem kommt jetzt auch das Wasser unserer Regentonne zum Einsatz.

Natürliche Hausmittel gegen Ungeziefer

In meinem Familiengarten haben chemische Mittel zur Bekämpfung von Ungeziefer und Unkraut nichts verloren. Ich möchte, dass in meinem Garten ein natürliches Gleichgewicht herrscht, daher versuche ich auch, diverser Störenfriede ausschließlich mit natürlichen Mitteln Herrin zu werden. Für die drei häufigsten Probleme rund ums Gartenjahr habe ich folgende Tipps.

Blattläuse

Blattläuse finde ich im Mai und Juni auf nahezu allen meinen Rosen, aber auch auf Pfingstrosen und vor allem auf meinem Holunder. Die kleinen schwarzen Tiere hängen wie Trauben an den Stämmen und Ästen und sind sehr leicht zu erkennen.

Meine Geheimwaffe Nummer eins sind Larven von Marienkäfern. Im Mai und Juni finden sie sich auf Blättern und Ästen so gut wie überall im Garten. Ich siedle sie vorsichtig um und platziere sie auf sehr befallenen Pflanzen mit Blattläusen. Die kleinen Larven ernähren sich von den Läusen, eine Win-win-Situation für uns alle.

TIPP: Die Larven können auch im Fachhandel gekauft werden, wenn man im eigenen Garten keine vorfindet.

Sollte diese Methode nicht fruchten, kann ich die Vorgehensweise mit Seifenlauge sehr empfehlen: In einer Sprühflasche biologisch abbaubare Schmierseife im Verhältnis 1:4 mit Wasser mischen, gut vermengen und mit der Zerstäuberdüse die befallenen Stellen der Pflanzen besprühen. Hilft wunderbar.

Gartenarbeiten im Sommer

- Abgeerntete Beete vom Frühlingsgemüse nach-
  säen oder Gründüngung einstreuen
- Notizen im Gartentagebuch nicht vergessen
- Unkraut immer wieder entfernen (kann zum
  Mulchen verwendet werden)
- Erde regelmäßig hacken, um die Wasserauf-
  nahme zu verbessern
- Auf ausreichende Bewässerung achten
- Wasser der Regentonne regelmäßig nutzen
- In der Dämmerung Schnecken absammeln
- Kompost anlegen

Schnecken

Besonders Schnecken bedienen sich im Garten an meinen Jungpflanzen wie an einem All-you-can-eat-Buffet. Das ist recht ärgerlich, besonders dann, wenn man sich für das Großziehen der Pflanzen viel Zeit nimmt oder Geld investiert, um sie anzuschaffen, und die Arbeit von den Schnecken innerhalb weniger Stunden zunichte gemacht wird. Leider bleibt es kaum aus, Pflanzen an die hungrigen Tiere zu verlieren.

Eine natürliche Schneckenbarriere in meinem Gemüsegarten ist Rindenmulch zwischen den Beeten. Die Mulchschicht scheint für die Tiere unangenehm zu sein und hält sie davon ab, meinen Garten dicht zu besiedeln. Eine weitere Möglichkeit, von der ich positiv berichten kann, ist ein Kupferdraht zur Abschreckung, der rund um die Beete angebracht wird. Außerdem ist es hilfreich, die Beete an allen Seiten mit einem Gemisch aus biologischem Fett, wie Schmalz und Salz, zu bestreichen. Dazu die Ränder der Beete mit einer Mischung in einem Verhältnis von 2:1 bestreichen, so kommen weniger Schnecken in die Beete, da sie die salzige Materie auf ihrer Schleimschicht als unangenehm empfinden.

Außerdem drehe ich in der Abenddämmerung immer eine Runde im Gemüsegarten und sammle die Schnecken ab, um sie anschließend auf den Kompost zu geben. Dort richten sie für mich keinen Schaden an und ich kann sie mit ruhigem Gewissen dort belassen.

Mehltau

Recht häufig kommt es vor, dass Pflanzen während der Saison von Krankheiten befallen werden. Die wohl häufigste und auch am bekanntesten ist der Mehltau. Blätter bekommen weiße Flecken, die Früchte reifen schlecht bis gar nicht aus. Vor allem Kürbis und Zucchiniblätter werden oft krank. Ein natürliches Mittel, um die Pflanzen zu heilen, ist eine Mischung aus Milch und Wasser im Verhältnis 1:3, gefüllt in einen Zerstäuber. Täglich werden die Blätter morgens und abends mit der Mischung besprüht, in der Regel sollte der Befall nach einer guten Woche verschwunden sein.

Zeigt diese Methode keine Wirkung, sollte die erkrankte Pflanze aus dem Beet entfernt werden, um die Ansteckung der anderen Pflanzen zu verhindern.

Kompost anlegen

Ein Kompost im Garten ist für mich das Um und Auf (A und O). Wer im Kreislauf bewirtschaften möchte, benötigt auch eine Kompoststelle: Abgestorbene Pflanzen und Blätter aus dem Gemüsegarten verrotten zusammen mit dem Wiesenschnitt sowie Obst- und Gemüseabfällen aus der Küche. Sobald sich der wunderbare Humus gebildet hat, nutzen wir ihn, um damit unsere abgeernteten Beete zu düngen und so den natürlichen Kreislauf zu unterstützen.

Für die Aufbewahrung von Kompost gibt es viele verschiedene Möglichkeiten und Systeme. Hast du Haustiere oder leben in deiner Nachbarschaft Katzen, die Freigänger sind, rate ich dir zu einem geschlossenen System bzw. Behältnis, damit die Tiere die Lebensmittelabfälle nicht ausgraben und fressen können und im schlimmsten Fall alles in deinem Garten verteilen bzw. krank werden. Solche Komposter haben fast immer im unteren Bereich eine Entnahmeklappe, über die man nach einigen Jahren den entstandenen Humus ganz bequem herausnehmen kann, während man von oben weiterhin Grünschnitt und Abfälle zugeben kann. In solch einem Komposter hat man bereits nach drei Jahren den ersten Humus und kann so kontinuierlich jedes Jahr neuen Humus entnehmen.

Auch offene Kompostsysteme – meistens aus Holz – sind eine wunderbare Möglichkeit, um zu guter Humuserde zu kommen. Sie lassen sich günstig im Baumarkt erwerben oder zum Beispiel aus Paletten selbst zusammenschrauben. In den meisten Fällen lässt man eine Seite komplett offen, hier lässt sich der Kompost gut einbringen. Die unterste Schicht sollte zum Schutz aus Karton oder Papier bestehen, darauf verteilt man eine Schicht Heu oder Stroh, am besten gut 20 Zentimeter hoch. Darauf werden nun die Kompostabfälle geschichtet und der Komposter gefüllt.

Wichtig, egal für welches System man sich entscheidet: Ein Mal pro Jahr „ackere" ich den Kompost um, mit einer Hacke ö.Ä. wird gelockert, damit sich der Kompost absenkt. Achte außerdem darauf, was auf den Kompost darf und was nicht. Dies ist von Gegend zu Gegend unterschiedlich. Viele Regionen und Gemeinden haben hierzu eigene gesetzliche Bestimmungen und Verordnungen.

Den Sommer festhalten

Wenn sich der Sommer dem Ende entgegen neigt, habe ich ein Ritual, um die letzten warmen Tage in mich aufzunehmen. Morgens, gleich nach dem Wachwerden und mit der ersten Tasse Kaffee in der Hand, zieht es mich hinaus in den Garten. Unsere grüne Wiese ist dann bereits bedeckt mit Morgentau, die letzten Gänseblümchen stehen noch mit geschlossenen Köpfen auf der Wiese. Ich bin dann immer barfuß unterwegs, denn es ist eine besonders wundervolle Sache, sich mit nackten Füßen in die feuchte Erde zu stellen und die Natur auf der Haut zu spüren. Diese Momente genieße ich und versuche sie fest in mein Herz zu schließen. Ich erinnere mich dann gerne an kalte Tage zurück, wie ich mein Gesicht Richtung Sonne gestreckt habe, mit geschlossenen Augen, die Zehen tief in die Erde gegraben und den Duft des Spätsommers einatmend. Besondere Momente, die du dir auch unbedingt bewahren solltest.

Pflanzenstecker basteln

Um uns im Familiengarten gut zurecht zu finden, basteln wir in jedem Jahr neue Pflanzenstecker, mit denen wir unser Gemüse und Obst kennzeichnen. So können gerade die großen Kinder, die schon lesen können, ganz schnell und einfach selbst herausfinden, was in den Beeten wächst.

Materialliste

Äste und Zweige, ca. fingerdick
Gartenschere
Sparschäler
Wasserfester Stift oder Buchstabenstempel

do it yourself

Dickere Äste mit einer Gartenschere schneiden und auf ca. 25 Zentimeter einkürzen. An der Spitze vorsichtig mit dem Sparschäler einen Teil der Rinde abschaben. Oben an der Hälfte der Astbreite einschneiden und 5 Zentimeter Holz ausschneiden.

Mit einem wasserfesten Stift oder Stempeln beschriften und die Pflanzenstecker in die Beete stecken.

Blumenpresse

Um unsere Blumen, Blüten, Gräser und Blätter zu konservieren, pressen wir diese und legen ein Herbarium an. So ein kleines Gartenlexikon ist eine wunderbare Erinnerung an die Gartensaison und macht gerade Kindern großen Spaß.

Die Blumenpresse ist schnell gebastelt und bringt über mehrere Saisons Freude.

Materialliste

2 Pappelholzplatten in DIN-A4- oder DIN-A5-Größe
Bohrmaschine mit Holzbohrer in Gewinde-Stärke
Eventuell Schleifpapier
Einige Kartonstücke
Schere
Butterbrotpapier
4 Stück lange Gewindeschrauben (8-12 cm) + Flügelmuttern
Stifte und Stempel zum Verzieren

do it yourself

Auf den Pappelholzplatten von den Ecken aus jeweils 5 Zentimeter nach innen messen und den Punkt markieren. In die vier Punkte in jeder Platte nun vorsichtig mit dem Bohrer Löcher bohren. Eventuell mit Schleifpapier glatt schleifen. Die Kartonstücke an den Ecken 6 Zentimeter nach innen einschneiden und die Ecken so abschrägen. Das Butterbrotpapier auf dieselbe Größe zuschneiden.

Nun die Gewindeschrauben durch die untere Pappelholzplatte fädeln und diese mit einer Lage Butterbrotpapier belegen. Darauf kommt die Blüte, die gepresst werden soll. Darauf wieder eine Lage Butterbrotpapier und darauf ein Stück Karton. So kann man die Presse mit mehreren Blüten oder Blättern bestücken. Zum Schluss die zweite Pappelholzplatte auflegen und mit den Flügelmuttern gut festschrauben. Die Oberseite kann nun noch mit Stempeln und Stiften verziert werden.

Nach 4-5 Tagen können die Blüten vorsichtig entnommen werden und in ein Herbarium geklebt werden.

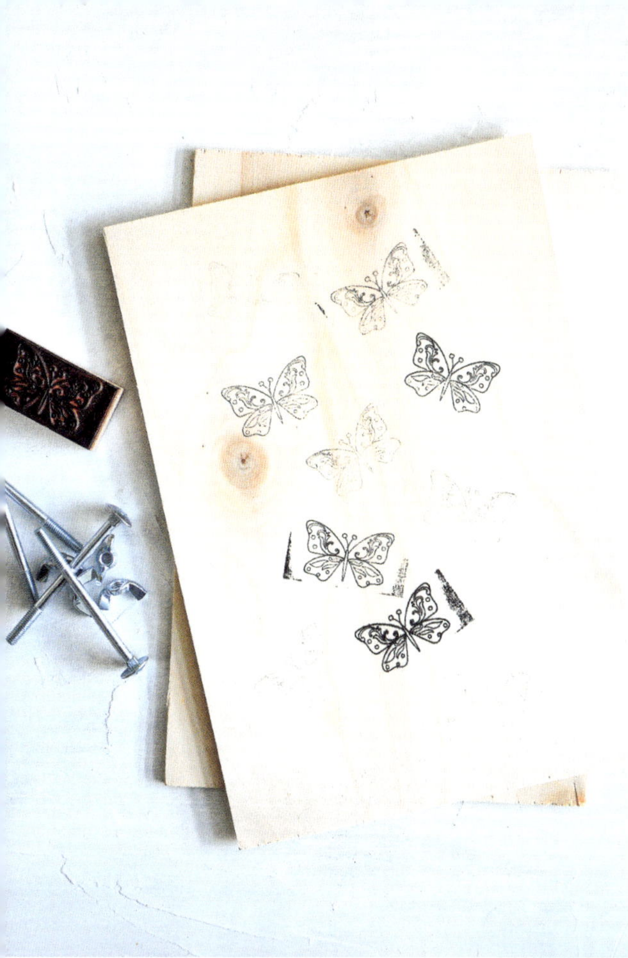

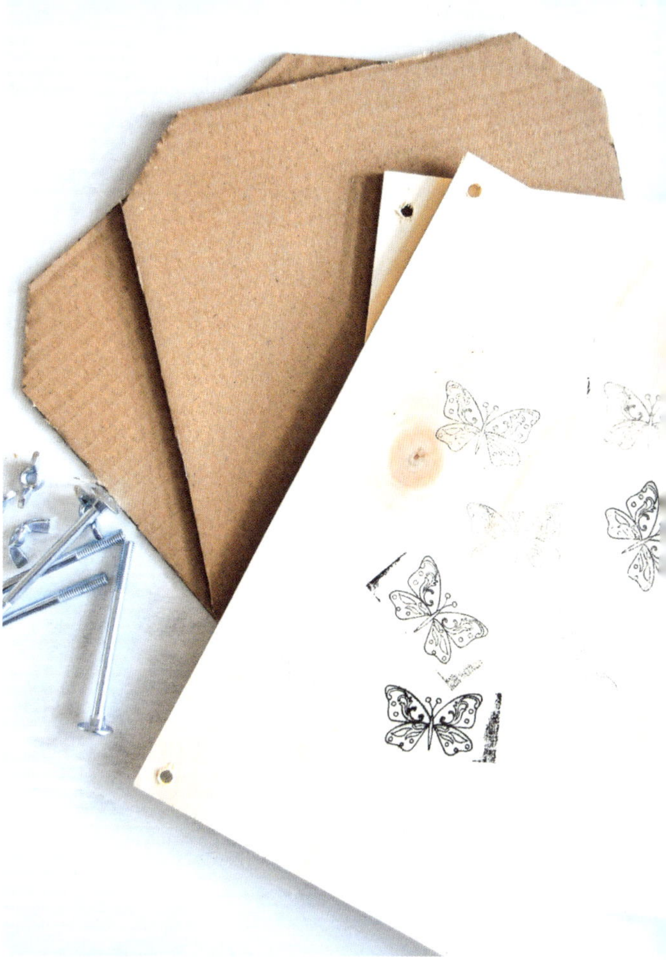

SOMMER
STUDENTENBLUME

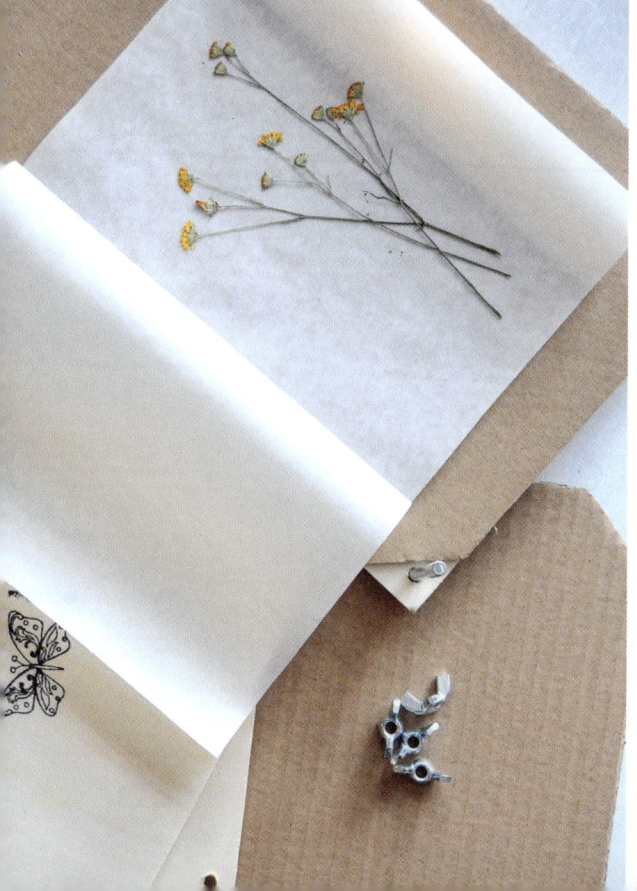

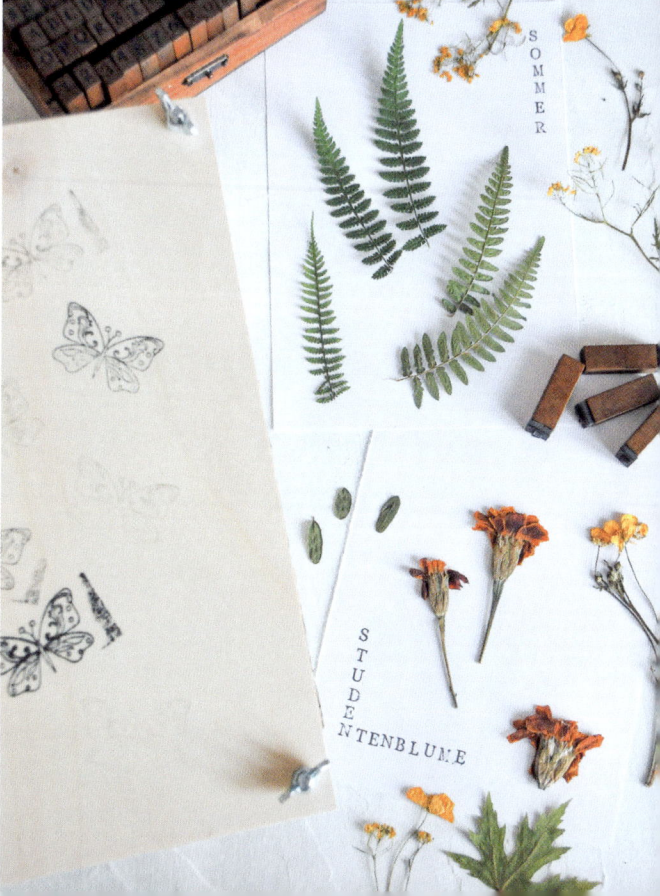

Lavendel vermehren

Lavendel lässt sich auf mehrere Arten vermehren, ich bevorzuge die Möglichkeit der Stecklinge. Diese Methode ist einfach und kann ganz leicht nachgemacht werden.

Materialliste

Junge Lavendeltriebe
Kleine Töpfe
Nährstoffreiche Anzucht-
  erde
Gartenschere

do it yourself

Von den jungen Lavendeltrieben – das sind die Triebe ohne Blüten – ca. 15 Zentimeter lange Stücke abschneiden. Die Blätter im unteren Drittel entfernen und den Jungtrieb in einen mit Anzuchterde gefüllten Topf stecken, bis die übrigen Blätter die Erde berühren. Gut andrücken, sodass die Erde den Trieb gut umschliesst, und vorsichtig angießen.

Die Erde nun immer gleichmäßig feucht halten und geduldig warten. Nach einigen Wochen hat sich ein Wurzelballen ausgebildet, der neue Lavendelstock kann im Spätsommer wieder in den Garten gepflanzt werden.

Kartoffelturm bauen

Kartoffeln beim Wachsen zuzusehen ist gerade für Kinder besonders spannend. In einem Kartoffelturm, der ganz simpel selbst gebaut werden kann, können die Kinder staunen und große Augen machen.

Materialliste

1 Topf aus Kunststoff
   (Durchmesser 28 cm)
1 Topf aus Kunststoff
   (Durchmesser 30 cm)
Scharfes Teppichmesser
Pflanzenerde
Kartoffelpflanzen oder
   Kartoffeln mit Trieben

do it yourself

Am kleineren Topf seitlich drei gleich große Fenster aufzeichnen und diese mit dem Teppichmesser ausschneiden. Den Topf in den größeren Topf stellen und zur Hälfte mit Pflanzenerde füllen. Die Kartoffelpflanzen bzw. ausgetriebenen Kartoffeln in die Erde setzen. Mit frischer Erde bedecken.

In den nächsten Wochen die Kartoffeln gut gießen und gleichmäßig feucht halten. Sobald die ersten Triebe an der Oberfläche sichtbar sind, mit frischer Erde bedecken. So fortfahren, bis der Topf komplett mit Erde gefüllt ist.

Für die Ernte im Herbst oder zwischendurch, wenn man neugierig ist, kann der kleine Topf aus dem großen gehoben werden, an den Ausschnitten können die kleinen Kartoffeln beobachtet und später auch einfacher geerntet werden.

Kräuterbündel

Kräuter ernten und trocknen

Nach altem Brauchtum werden am 15. August traditionell Kräutersträußchen gebunden. Die Weihe der Kräuterbündel geht schon ins Mittelalter zurück und wird gerade in ländlichen Gegenden auch heute noch praktiziert. Die Bündel werden zum Trocknen aufgehangen, segnen das Haus und können zum Jahresende, am beliebtesten in den Rauhnächten, als Räucherwerk verwendet werden.

Die kleinen Sträußchen werden ganz individuell zusammengesetzt und die Anzahl der Kräuter ganz persönlich variiert, üblicherweise ist eine Anzahl von 7, 9, 12, 14 aber auch 24 oder 72 Kräutern möglich.

Ich halte die Sträußchen gerne schlicht und beschränke mich auf die Anzahl 7 oder 9, meistens mit einer Königskerze als Mittelpunkt und dazu dürfen Schafgarbe, Beifuß aber auch Baldrian, Kamille, Thymian und Johanniskraut nicht fehlen.

Außerdem binde ich auch meine Küchenkräuter zu Bündeln und lasse sie so, an einen Haken gehängt, im eher Dunklen trocknen und verwende sie anschließend zum Würzen für Salate und Speisen in meiner Küche.

Olla

zur Tomatenbewässerung

Um sich die Arbeit im Gemüsegarten ein wenig zu erleichtern, kann man in den Beeten ein Bewässerungssystem installieren. So werden die Pflanzen regelmäßig mit Wasser versorgt und verdursten nicht. Vor allem dann, wenn man in den Urlaub fährt oder es große Hitzeperioden gibt, ist solch ein System ratsam.

Oft hat man aber nicht die Möglichkeiten oder scheut die Kosten eines solchen Systems. Hier kann man sich mit einfachen Mitteln selbst helfen und Ollas bauen. Das Prinzip ist sehr einfach erklärt: Tontöpfe werden miteinander verbunden, zu zwei Dritteln in der Nähe der Pflanzen in der Erde vergraben und durch das Loch an der Unterseite des herausragenden Topfes mit Wasser gefüllt. Der Tontopf speichert das Wasser und gibt die Feuchtigkeit nach und nach ins Erdreich ab. Mit solch einem System, das je nach Größe mehrere Pflanzen gleichzeitig versorgen kann, spart man bis zu eine Woche aktives Wässern ein. Eine perfekte Idee für alle, die es sich im Garten leichter machen wollen.

Materialliste

Pro Olla 2 Tontöpfe im
Durchmesser von
10-20 cm
Silikonkleber oder eine
Heißklebepistole

do it yourself

Einen der Tontöpfe am Rand mit Kleber bestreichen, den zweiten Topf daraufsetzen. Gut trocknen lassen und dann zu 2/3 im Beet vergraben, mit etwas Abstand zu den zu bewässernden Pflanzen, um die Wurzelballen nicht zu verletzen.

Diese Methode ist besonders geeignet für Gurken, Tomaten und andere Pflanzen, die viel Flüssigkeit benötigen.

Erdbeertiramisu

Ein cremiges sommerliches Dessert mit fruchtigen Erdbeeren frisch aus dem Garten. Dieses Rezept ist schon ein langer Begleiter meiner Familie und wir lieben es wie am ersten Tag.

Zeit: 7 Stunden

Zutaten

250 ml Schlagobers
1 Prise Salz
150 g Skyr
80 g Staubzucker
½ TL Zitronenzesten
250 g Dinkel-Löffelbiskuit
350 g Erdbeeren

Zubereitung

1 Schlagobers mit Salz steif schlagen. Skyr, Staubzucker und Zitronenzesten untermischen.

2 Eine Auflaufform mit ca. der Hälfte der Löffelbiskuits auslegen und zwei Drittel der Crememasse darauf verteilen. Für ca. 30 Minuten im Tiefkühler kalt stellen.

3 In der Zwischenzeit 250 Gramm Erdbeeren waschen, das Grün entfernen und die Beeren mit einem Stabmixer pürieren. Die Hälfte des Erdbeerpürees zu der übrigen Schlagobers-Skyr-Mischung geben und gut vermengen.

4 Das Tiramisu aus dem Tiefkühler holen. Mit einer weiteren Schicht Löffelbiskuits belegen und die Schlagobers-Skyr-Erdbeer-Masse darauf verteilen. Nochmals für 30 Minuten im Tiefkühler kalt stellen.

5 In der Zwischenzeit die restlichen 100 Gramm Erdbeeren waschen, putzen und halbieren.

6 Das Tiramisu aus dem Tiefkühler holen, das restliche Erdbeerpüree darauf verteilen und mit den halbierten Erdbeeren belegen. Für mindestens 6 Stunden in den Kühlschrank stellen, damit es gut durchzieht und fest wird.

TIPP: Erdbeertiramisu lässt sich auch mit anderen Beeren oder einer Beerenmischung abwandeln und variieren.

Himbeerkuchen

mit Haferflocken und Ribisel-Baiserhaube

Ein Kuchen mit frischen Himbeeren, eigenhändig gepflückt aus dem Garten, ist nicht nur eine schöne Kindheitserinnerung. Durch die Säure der Ribiseln, die sich in der knusprig cremigen Baiserhaube verstecken, ist dieser Kuchen ein richtiges Geschmackserlebnis für den Gaumen.

Zeit: 40 Minuten

Zutaten

Für den Teig
3 Eigelb
120 g brauner Zucker
125 ml Milch
50 g Butter
200 g glattes Mehl
2 TL Backpulver
30 g Haferflocken

Für den Belag
150 g Himbeeren
5 Eiweiß
1 Prise Salz
50 g Staubzucker
200 g Ribiseln

Eckige Kuchenform
    (ca. 30 x 20 cm)

Zubereitung

1 Die Eigelbe mit Zucker, Milch und Butter schaumig rühren.
2 Die Mischung mit Mehl, Backpulver und Haferflocken vermengen und den Teig in eine mit Backpapier ausgelegte eckige Kuchenform gießen.
3 Für den Belag die Himbeeren vorsichtig waschen, abtropfen lassen und auf der Kuchenmasse verteilen. Im vorgeheizten Backofen bei 180 Grad (Umluft) 15 Minuten backen.
4 In der Zwischenzeit das Eiweiß mit dem Salz zu Eischnee schlagen. Den Staubzucker langsam in die Masse sieben und immer weiter schlagen.
5 Die Ribiseln von den Stängeln zupfen, waschen und in die Eischneemasse geben.
6 Den Kuchen aus dem Ofen holen und die Eischneemasse darauf verteilen. Mit einem Löffel oder Messer kleine Spitzen ziehen.
7 Den Kuchen im Backofen für weitere 10 Minuten backen, bis der Eischnee leicht gebräunt und fest geworden ist.

Midsommar-Torte

Die Sommersonnwende ist eine wichtige und magische Zeit. Die Tage sind länger geworden und die zusätzlichen Sonnenstunden bescheren uns täglich eine wundervolle Phase. Es ist Zeit, Midsommar zu feiern. Eine Midsommar-Torte darf auf keinen Fall fehlen. Sie lässt sich mit Früchten ganz nach den eigenen Vorlieben variieren.

Zeit: 2 Stunden

Zutaten

Für die Torte
5 Eier
120 g brauner Zucker
1 Pkg. Vanillezucker
100 g Koch- und Back-
    schokolade
1 Prise Salz
100 g glattes Mehl

Für die Füllung
150 ml Schlagobers
1 EL brauner Zucker
3 EL Naturjoghurt
150 g Erdbeeren
100 g Marillenmarmelade

Für die Buttercreme
300 g zimmerwarme
    Butter
300 g Staubzucker

Kuchenform (Durch-
    messer ca. 20 cm)
Butter und Mehl für die
    Form
Blüten und frische Früchte
    zum Verzieren

Zubereitung

1 Für die Torte die Eier trennen, die Eigelbe mit Zucker und Vanille-zucker schaumig rühren.

2 Die Schokolade in einem Wasserbad schmelzen und unter die Messe heben.

3 Das Eiklar mit dem Salz steif schlagen.

4 Abwechselnd den Eischnee und das Mehl (fein gesiebt) in meh-reren Portionen langsam unter die Eigelb-Zucker-Schoko-Masse ziehen.

5 Die Kuchenform mit Butter einfetten und mit Mehl bestäuben. Den Teig in die Kuchenform füllen und im vorgeheizten Backofen bei 180 Grad (Umluft) ca. 15 Minuten backen.

6 In der Zwischenzeit die Füllung vorbereiten. Den Schlagobers aufschlagen und mit Zucker und Naturjoghurt vermengen. Die Erdbeeren waschen, putzen, pürieren und unter die Creme heben.

7 Die Buttercreme vorbereiten. Die Zutaten in einer Schüssel mit-einander vermengen und anschließend kalt stellen.

8 Die abgekühlte Torte aus der Form lösen und waagrecht in drei gleich große Stücke teilen. Die Böden mit Marillenmarmelade be-streichen und die Cremefüllung großzügig darauf verteilen.

9 Die Tortenböden vorsichtig aufeinandersetzen und außen mit Buttercreme bestreichen.

10 Mit Blüten und frischen Früchten dekorieren.

Pasteis de Nata

mit Heidelbeeren

Pasteis de Nata sind eine typisch portugiesische Spezialität, die bestimmt am allerbesten in Portugal schmeckt. Mein Rezept kommt an das Original nicht heran, aber ist ihm sehr nahe. Verfeinert mit frischen Heidelbeeren, die perfekt zur Vanillecreme passen.

Zeit: 2 Stunden

Zutaten für ca. 20 Stück

Für die Vanillecreme
2 Eigelb
30 g Zucker
100 ml Schlagobers
200 ml Milch
2 TL Vanillepaste
1 Prise Salz

Außerdem
1 Rolle Blätterteig
Muffinblech
Butter für die Form
200 g Heidelbeeren

Zubereitung

1. Für die Vanillecreme die Eigelbe mit Zucker und Schlagobers gut verrühren.
2. Die Milch mit Vanillepaste und dem Salz vermengen und in einem Topf zum Kochen bringen. Von der Platte nehmen und die Eigelbmischung einrühren.
3. Die Creme auf der Herdplatte nochmals zum Kochen bringen, die Hitze auf mittlere Stufe reduzieren und für 2 Minuten leicht köcheln lassen.
4. Den Blätterteig auf der Arbeitsfläche der Länge nach einrollen und 3 Zentimeter dicke Scheiben abschneiden.
5. Ein Muffinblech mit Butter bestreichen, die Teigstücke hineinlegen, flach drücken und bis zum Rand hinauf festdrücken, sodass kleine Mulden entstehen.
6. Mit Vanillecreme füllen und in jedes Küchlein 3-5 Heidelbeeren legen.
7. Im vorgeheizten Backofen bei 180 Grad ca. 20 Minuten backen.

Marillenröster

Die eigene Marillenernte jedes Jahr zu konservieren, ist eine große und meine liebste Aufgabe. Es entstehen Marmeladen, Chutneys, aber natürlich auch Marillenröster, der zu allerlei Schmarrengerichten passt, aber auch zu Palatschinken oder einer großen Portion Vanilleeis und Apfelstrudel.

Zeit: 1 Stunde

Zutaten
500 g Marillen
200 g Zucker
Saft von 2 Zitronen
2 TL Vanillepaste

Zubereitung

1 Die Marillen waschen, entsteinen und vierteln. In einem Topf mit Zucker, Zitronensaft und Vanillepaste vermengen und langsam einkochen lassen, bis die Marillenstücke zerfallen sind.

2 In saubere und sterile Gläser abfüllen, dabei zum oberen Rand hin 2 Zentimeter frei lassen und gut verschließen. Im Backofen einkochen (Seite 12).

3 Der Marillenröster hält sich dunkel und kühl gelagert ca. 12 Monate.

Gurken-Minze-Limonade

Sommerliche Erfrischungen sind bei hitzigen Temperaturen ein Muss. Gurken enthalten viel Wasser und sind kombiniert mit Minze ein perfekter Durstlöscher.

Zeit: 30 Minuten

Zutaten für 1,5 Liter Limonade
100 g Zucker
150 ml Wasser
3-4 Stängel frische Minze
2 kleine Salatgurken oder
   1 große Gurke
2 Zitronen

Zubereitung

1 In einem Topf den Zucker im Wasser auflösen und aufkochen lassen. Die Minze zugeben und auf niedriger Stufe 15 Minuten ziehen lassen.
2 Die Gurken in einem Blender fein pürieren.
3 Die Zitronen auspressen und mit dem Gurkenpüree vermengen.
4 Den abgekühlten Minzesirup zur Gurkenmischung geben, die Limonade in Flaschen füllen und kalt stellen.
5 Die Gurken-Minze-Limonade mit Eiswürfeln servieren.

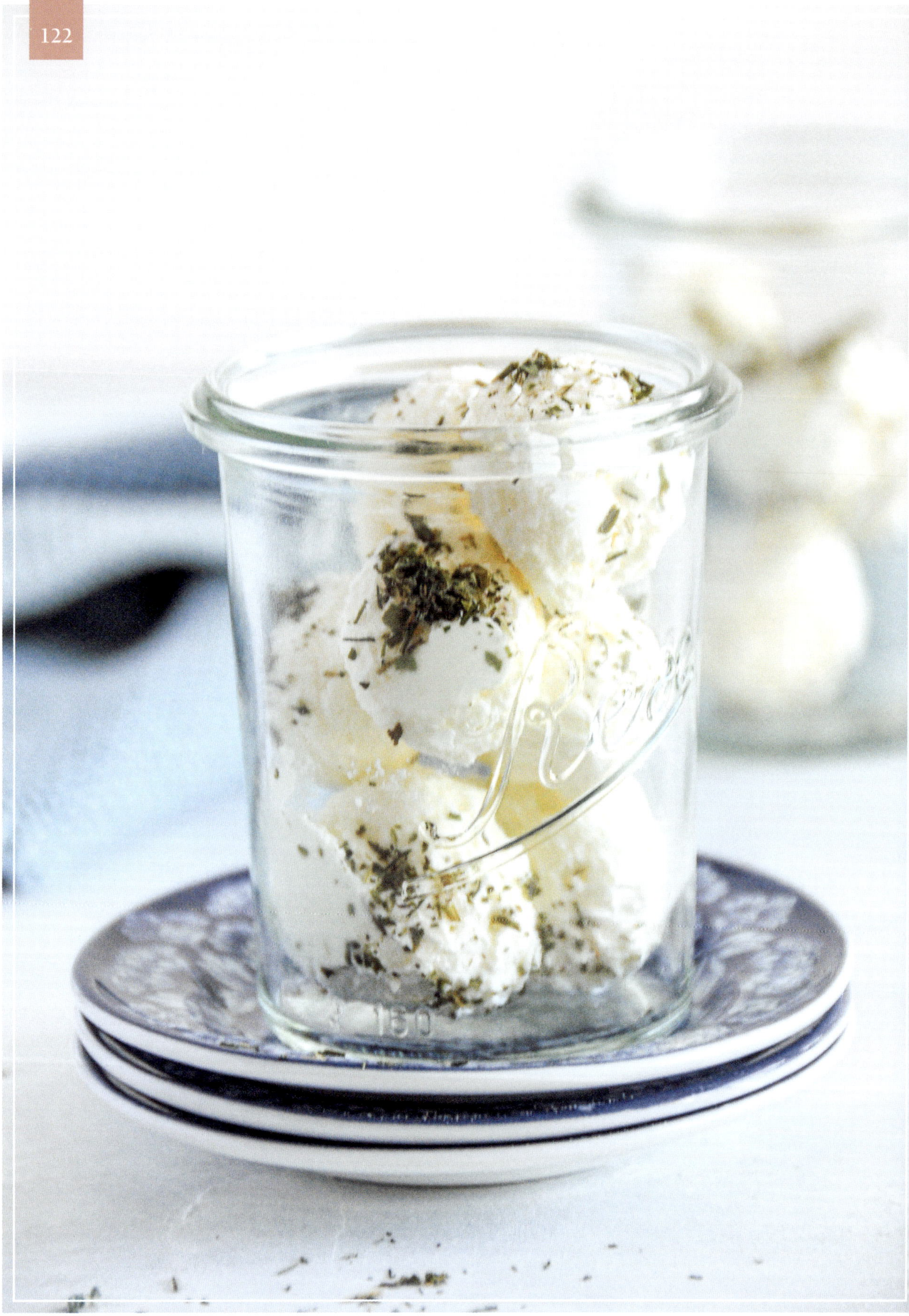

Kräuter-Frischkäse-Bällchen

Einen Überschuss an Kräutern im Garten kann man trocknen, fein hacken und tiefkühlen oder auch zu Frischkäsebällchen verarbeiten.

Zeit: 30 Minuten

Zutaten
200 g Ziegenfrischkäse
150 g Löffelkäse (körniger Frischkäse)
2 EL frisch gehackte Kräuter aus dem Garten, z.B. Petersilie, Schnittlauch, Rosmarin, aber auch frische Blüten, z.B. von den ersten Ringelblumen, Gänseblümchen, aber auch Rotklee kann verwendet werden

Zum Einlegen
2-3 Knoblauchzehen
Einige Zweige frischer Rosmarin
Hochwertiges Olivenöl

Zubereitung

1 Den Ziegenfrischkäse mit dem Löffelkäse in einer Schüssel gut vermengen.
2 Mit einem Löffel Portionen abstechen und diese mit angefeuchteten Händen zu kleinen Kugeln formen. Diese vorsichtig in den gehackten Kräutern wälzen.
3 Die Frischkäsebällchen können sofort verzehrt werden. Wer dies nicht möchte, gibt sie in ein gut verschließbares Glas und legt sie ein. Dazu die Knoblauchzehen schälen und zusammen mit den Rosmarinzweigen ins Glas geben. Mit Olivenöl auffüllen.
4 Die Frischkäsebällchen halten sich gut verschlossen im Kühlschrank für einige Tage.

Gegrillte Pfirsiche

auf Naan-Broten mit Feta und Rucola

Im Sommer darf es manchmal ganz schnell und einfach gehen. Selbst gemachtes Naan mit gegrillten Pfirsichen ist nicht nur ein schnelles Sommergericht, sondern auch besonders leicht zuzubereiten.

Zeit: 30 Minuten

Zutaten für 10 Stück

Für den Teig
250 g glattes Weizenmehl
½ TL Salz
1 TL Zucker
2 TL Backpulver
180 g Naturjoghurt
Mehl für die Arbeitsfläche
Olivenöl zum Bestreichen

Für den Belag
8-10 Weingartenpfirsiche
2 EL Olivenöl
2 EL Honig
2 Handvoll Rucola
100 g Feta

Zubereitung

1 Alle Zutaten für den Teig miteinander vermengen, bis ein glatter Teig entstanden ist.
2 Den Teig auf einer bemehlten Arbeitsfläche in 10 gleich große Stücke teilen und diese zu Kugeln schleifen. Mit einem Nudelholz zu dünnen Kreisen ausrollen.
3 Eine beschichtete Pfanne heiß werden lassen, die Naan-Brote mit Olivenöl bepinseln und in der Pfanne backen, dabei einmal wenden. Alternativ können die Brote auch auf dem Grill gebacken werden.
4 Die Pfirsiche gut waschen, halbieren und entsteinen. In Scheiben schneiden und diese in einer beschichteten Pfanne im Olivenöl anbraten.
5 Etwas Honig auf den Pfirsichen verteilen und diesen reduzieren lassen.
6 Die Naan-Brote auf einem Teller anrichten, mit Rucola belegen und die Pfirsichspalten darauf verteilen. Zum Schluss mit zerbröckeltem Feta bestreuen.

TIPP: Wer möchte, kann seinen Naan-Broten mit Pfirsichen noch den letzten Pfiff verleihen mit einem selbst gemachten Dressing von Seite 70.

Bunte Tomatenquiche

Tomaten sind mein liebstes Gemüse zu dieser Gartensaison. Besonders alte Sorten faszinieren mich, deswegen findet sich in meinem Garten auch eine bunte Auswahl an Farben und Formen, fast alle selbst vorgezogen, in mühevoller Arbeit, vom kleinen Samenkorn bis zur fertigen Frucht. Tomaten faszinieren mich, nicht nur ihr Aussehen, sondern auch ihr Geschmack ist unverkennbar und von Sorte zu Sorte besonders. Die bunte Tomatenquiche ist ein farbenfroher Regenbogen auf dem Teller zum Genießen.

Zeit: 1 Stunde

Zutaten

Für den Teig
180 g Dinkelvollkornmehl
3 EL Mandelmehl
1 Ei
½ TL Salz
2 EL Milch
75 g kalte Butter

Für die Füllung
Einige bunte Tomaten aus
    dem Garten
130 ml Schlagobers
5 EL Milch
3 Eier
Salz, Pfeffer
Petersilie
1 kleine rote Zwiebel
½ Bund Petersilie
25 g Parmesan

Tarteform
Butter für die Form

Zubereitung

1   Alle Zutaten für den Teig verkneten und anschließend dünn ausrollen.
2   Eine Tarteform mit Butter ausstreichen und den Teig hineinlegen. An den Rändern bis oben hin gut andrücken, den eventuellen Überstand mit einem scharfen Messer abschneiden.
3   Mit einer Gabel Löcher in den Teigboden stechen und diesen im vorgeheizten Backofen bei 200 Grad (Umluft) 30 Minuten vorbacken. Anschließend abkühlen lassen.
4   In der Zwischenzeit die Füllung vorbereiten. Dafür die Tomaten vom Grün befreien und in ca. 1 Zentimeter dicke Scheiben schneiden.
5   Schlagobers, Milch und Eier miteinander gut vermischen und mit Salz und Pfeffer würzen.
6   Zwiebel und Petersilie fein hacken. Parmesan reiben.
7   Den abgekühlten Quicheboden mit Tomatenscheiben eng belegen und die Schlagobers-Milch-Ei-Mischung darübergießen.
8   Mit Parmesan, Zwiebel und Petersilie bestreuen.
9   Die Quiche in 25-30 Minuten bei 200 Grad (Umluft) fertig backen.

Sommerblütenbutter

Voller Sehnsucht warte ich in jedem Erntejahr drauf, dass meine Kräuter anfangen zu blühen. Was viele Hobbygärtner nicht wissen, nicht nur Ringelblumen bilden wunderschöne essbare Blüten, sondern auch Schnittlauch, Rucola und Co. bringen kleine Blütenköpfe hervor. Diese sind nicht nur besonders hübsch anzusehen, sondern auch essbar und kommen bei mir in eine selbst gemachte Kräuterbutter.

Zeit: 30 Minuten

Zutaten
250 ml Schlagobers
Salz
Eine Handvoll Sommer-
    blüten (z.B. Schnitt-
    lauch, Rucola, Ringel-
    blumen)
Abrieb von ½ Bio-Zitrone

Zubereitung

1 Schlagobers schlagen, bis er steif ist, und darüber hinaus, bis Butter entsteht.
2 Die Butter in ein Leinentuch geben, über einer Schüssel zusammendrücken und so die Molke auffangen und anderweitig verwenden.
3 Die Butter in einer Schüssel mit Zitronenzeste, etwas Salz und Sommerblüten vermengen und alles mit einer Gabel gut zerdrücken, bis ein Brei entstanden ist.
4 Die fertige Sommerblütenbutter zu einer langen Rolle formen und in Frischhaltefolie wickeln und so im Kühlschrank aufbewahren.

TIPP: Sommerblütenbutter in Eiswürfelformen füllen und in den Tiefkühler stellen. Bei Bedarf die gewünschte Menge entnehmen. Die Butter passt nicht nur zu gegrilltem Gemüse, sondern kann auch zum Abbinden von Soßen verwendet werden.

Kalte Sommersuppe

mit Radieschen

Bei Suppen haben wir fast immer eine warme cremige Mahlzeit im Kopf, aber auch kalte Suppen sind vor allem im Sommer eine kühlende Erfrischung.

Zeit: 30 Minuten

Zutaten
1 rote Zwiebel
1 Knoblauchzehe
1 EL Butter
1 EL Suppenpaste
   (Seite 192)
3 Bund Radieschen
250 ml Schlagobers
Salz, Pfeffer
Kresse zum Dekorieren
100 g Crème fraîche

Zubereitung

1 Zwiebel und Knoblauch fein hacken und in einem Topf in der Butter anschwitzen.
2 Mit 700 Milliliter Wasser aufgießen und die Suppenpaste einrühren. Aufkochen lassen und 5 Minuten auf mittlerer Stufe leicht köcheln lassen. Danach vom Herd nehmen und abkühlen lassen.
3 Die Radieschen waschen und vierteln. 2 Radieschen für die Dekoration in feine Scheiben schneiden und beiseite stellen.
4 Die restlichen Radieschen zusammen mit dem Schlagobers in die lauwarme Suppe geben und mit einem Pürierstab aufmixen, dann mit Salz und Pfeffer abschmecken. Die Suppe danach nicht mehr aufkochen.
5 Die Suppe in einer Schüssel anrichten, mit Kresse, Radieschenscheiben und einem Klecks Crème fraîche garnieren.

Jeder kennt sie: eingelegte saure Gurken. Sie sind perfekt, um die Gurkenernte schnell und zügig zu verarbeiten und einen Vorrat für den Winter anzulegen. Aber kaum jemand legt Gurken salzig ein. Und dabei sind Salzgurken geschmacklich mindestens genauso ein großes Highlight wie saure Gurken. Durch die natürliche Fermentation bleibt zudem der Vitamingehalt erhalten und sie sind richtig gesund.

Zeit: einige Tage bis zur Reifung

Zutaten
1 kg Einlegegurken
5 Knoblauchzehen
3-4 Stängel Dill
1 TL Senfkörner
1 Liter Wasser
50 g Salz

Zubereitung

1 Die Gurken gründlich waschen und der Länge nach halbieren.
2 Den Knoblauch schälen und in Scheiben schneiden. Zusammen mit Dill und Senfkörnern in saubere, sterile Gläser füllen. Die Gurken in die Gläser schichten.
3 Das Wasser mit dem Salz vermengen und in einem Topf zum Kochen bringen.
4 Die Lake in die Gläser füllen, dabei zum oberen Rand hin 2 Zentimeter frei lassen. Die Gläser gut verschließen und für 5 Minuten auf den Kopf stellen.
5 Die Salzgurken für mindestens 2 Wochen dunkel lagern, bis sie gut durchgezogen sind.

TIPP: Die Salzgurken sind dunkel und kühl gelagert ca. 1 Jahr haltbar. Je länger man sie reifen lässt, desto intensiver werden sie im Geschmack.

Frittata

mit Zucchini

Eine Frittata ist eigentlich nichts anderes als ein Omelett mit südländischen Wurzeln und mit Zutaten ganz frisch aus dem Garten. Ich gare dieses Gericht außerdem nicht auf dem Herd, sondern im Ofen, das macht es mir noch leichter.

Zeit: 20 Minuten

Zutaten
120 g Zucchini
2 große Tomaten
4-5 Oliven
1 Handvoll frischer
    Schnittlauch
50 ml Schlagobers
2 Eier
Salz

Zubereitung

1   Die Zucchini grob raspeln und eine kleine Ofenform bzw. ofenfeste Pfanne damit auslegen (Durchmesser ca. 20 cm Zentimeter).
2   Tomaten und Oliven grob würfeln und auf den Zucchini verteilen.
3   Den Schnittlauch in Röllchen schneiden. Mit Schlagobers und Eiern vermengen und etwas Salz zugeben. Auf dem Gemüse verteilen.
4   Die Frittata im vorgeheizten Backofen bei 190 Grad (Umluft) 10-12 Minuten backen, bis das Ei gestockt ist.

TIPP: Für eine größere Portion die Mengen einfach hochrechnen und eine große Ofenform verwenden. Wer die Frittata besonders würzig haben möchte, kann sie mit Chiliflocken, Peperoni oder Chiliöl verfeinern.

Zucchini-Cannelloni

aus dem Ofen

Die „Zucchini-Schwemme" ist für die meisten Gärtner ein Graus: Irgendwann nimmt die Ernte überhand und mann weiß nicht mehr wohin mit den Früchten. Neben dem Einlegen und Einkochen bieten sich aber auch Gerichte an, die nicht so oft auf den Tisch kommen, wie meine Zucchini-Cannelloni.

Zutaten

2-3 Zucchini
50 ml Olivenöl
Meersalz
200 g Ricotta
250 g Löffelkäse (körniger Frischkäse)
Etwas Schnittlauch und Petersilie
½ TL Zitronenabrieb
200 ml Tomatensoße

Zubereitung

1. Die Zucchini waschen und die Enden abschneiden. Die Zucchini der Länge nach in feine Streifen schneiden.
2. Die Zucchinistreifen nebeneinander auf ein mit Backpapier ausgelegtes Blech legen, mit Olivenöl bestreichen und mit Meersalz bestreuen. Im Backofen bei 185 Grad (Umluft) ca. 15 Minuten garen.
3. In der Zwischenzeit die Füllung zubereiten: Ricotta und Löffelkäse miteinander vermengen, frische Kräuter und Zitronenabrieb zugeben und mit Salz abschmecken.
4. Eine runde Ofenform mit 4 Esslöffel Tomatensoße ausstreichen.
5. Auf die abgekühlten Zucchinistreifen jeweils 1 Teelöffel Füllung setzen und einrollen. In die Ofenform hochkant dicht an dicht setzen. Die restliche Tomatensoße darauf verteilen.
6. Bei 185 Grad (Umluft) 15 Minuten backen, bis die Cannelloni gar sind.

Gefüllte Melanzani

vom Grill mit Bulgur und Salsa

BBQ muss nicht immer Fleisch bedeuten. Gerade im Sommer lässt sich im Gemüsegarten aus den Vollen schöpfen und so kommen viele Gerichte auf den Grill, an die man im ersten Moment vielleicht nicht gedacht hätte. Melanzani sind meine heimlichen Favoriten. Sie lassen sich auf viele verschiedene Arten zubereiten und sind gefüllt ganz wunderbar.

Zeit: 40 Minuten

Zutaten

Für die Melanzani
150 g Bulgur
30 g Erbsen
30 dicke rote Bohnen
50 g gekochte Maiskörner
1 EL gehackter Koriander
Saft von ½ Zitrone
Salz
2 mittelgroße Melanzani
30 g geriebenen Emmen-
    taler

Für die Salsa
5 mittelgroße Tomaten
1 kleine rote Zwiebel
2 Oliven ohne Stein
1 Knoblauchzehe
2 EL Olivenöl
Saft ½ Zitrone
1 TL gehackter Koriander

Zubereitung

1   Den Bulgur mit der doppelten Menge an Wasser in einem Topf zum Kochen bringen und weich garen. Anschließend abkühlen lassen.

2   Erbsen und dicke Bohnen in kochendem Wasser bissfest garen.

3   Den abgekühlten Bulgur mir Erbsen, Bohnen und Mais vermengen. Den gehackten Koriander in die Masse geben, mit Zitronensaft und Salz abschmecken,

4   Die Melanzani halbieren und mit einem Löffel die Kerne heraus-schaben. Die Schale außen an mehreren Stellen mit einer Gabel einstechen.

5   Die Melanzani auf einer Grilltasse platzieren und mit der Bulgur-masse befüllen. Mit geriebenem Käse bestreuen.

6   Die Melanzani auf dem Grill gar werden lassen, bis der Käse gut geschmolzen und gebräunt ist und sie weich sind.

7   Für die Salsa Tomaten und Zwiebel in kleine Würfel schneiden. Die Oliven in kleine Ringe schneiden. In einer Schüssel miteinander vermengen, Knoblauch pressen und untermischen.

8   Zum Schluss mit Olivenöl und Zitronensaft vermengen, den ge-hackten Koriander zu der Salsa geben und zusammen mit den gegrillten Melanzani servieren.

Paprikapesto

mit getrockneten Tomaten

Einen Überschuss an Paprika verarbeite ich gerne zu einem Pesto. Es passt nicht nur hervorragend zu Pasta, sondern kann auch als Basis für Soßen, Lasagne und schnelle Salatcreme verwendet werden.

Zeit: 20 Minuten

Zutaten

3 rote Paprika
Olivenöl zum Braten
1-2 Knoblauchzehen
1 rote Zwiebel
30 g geriebener
	Parmesan
3 getrocknete Tomaten
50 ml extra natives
	Olivenöl
Meersalz
Weißer Pfeffer

Zubereitung

1 Die Paprika vierteln und von den Kernen befreien. In einer Pfanne bei mittlerer Hitze in etwas Olivenöl anrösten.
2 Knoblauch und Zwiebel schälen und beides vierteln.
3 In einem leistungsstarken Blender alle Zutaten miteinander zu einer feinen Masse pürieren.
4 Das Pesto mit Salz und Pfeffer abschmecken und in Gläser abfüllen. Achtung: Dabei zum Rand nach oben mindestens 2 Zentimeter frei lassen, damit sich die Masse ausdehnen kann.

TIPP: Mit einem Esslöffel Öl als oberste Schicht im Glas hält sich das Pesto gut verschlossen über mehrere Wochen. Mit Chiliöl verfeinern.

Picknick-Nudelsalat

mit Erdbeeren und Mozzarella

Das Schönste am Sommer sind die Besuche im Freibad oder kleine Wanderungen mit der ganzen Familie. Natürlich muss auch hier die hungrige Bande versorgt werden. Ein Nudelsalat im Glas zum Mitnehmen ist genau die richtige Verpflegung.

Zeit: 30 Minuten

Zutaten
300 g Nudeln
200 g Erdbeeren
Ca. 8 Stangen grüner
    Spargel
2 Handvoll Rucola
150 g Mini-Mozzarella
150 g Naturjoghurt
1 TL Honig
1 TL mittelscharfer Senf
Saft von ½ Zitrone
Frische Kresse aus dem
    Garten

Zubereitung

1   Die Nudeln in kochendem Wasser al dente kochen.
2   Die Erdbeeren waschen und in mundgerechte Stücke schneiden.
3   Vom Spargel die holzigen Enden entfernen, die Stangen gut waschen und ebenso in kleine Stücke schneiden.
4   Saubere Gläser zu zwei Dritteln mit Nudeln füllen, darauf Erdbeeren, Spargel, Rucola und Mozzarella verteilen und die Gläser gut verschließen.
5   Für das Dressing in einer Schüssel Joghurt, Honig, Senf, Zitronensaft und Kresse miteinander vermengen und in eine kleine Flasche abfüllen.

TIPP: Wenn man einzelne Portionen mitnehmen möchte, das Dressing am besten in ein kleines, verschließbares Glas füllen, das in das große Glas mit dem Salat passt. So hat man alle Zutaten beisammen und gießt das Dressing erst kurz vor dem Verzehr über den Salat, damit sich die Nudeln nicht komplett damit vollsaugen.

Übrigens: Spargel kann sogar roh gegessen werden, je jünger die Stiele, desto knackiger schmecken sie.

Kräuterbaguette

Wenn im Sommer gegrillt wird, kommen immer die unterschiedlichsten Gerichte und Salate auf den Tisch. Aber eines hat immer Beständigkeit und ist bei jedem BBQ mit dabei: mein Kräuterbaguette.

Zeit: 2 Stunden

Zutaten für 3-4 Stück
1 Pkg. Trockenhefe oder
   ½ Würfel frische Germ
1 TL Honig
300 ml lauwarmes Wasser
350 g glattes Weizenmehl
150 g Weizenvollkornmehl
50 ml Olivenöl
1 EL gehackte frische
   Kräuter aus dem Garten
2 TL Salz
Mehl für die Arbeitsfläche

Zubereitung

1 Die Hefe im Honig auflösen und mit dem lauwarmen Wasser vermischen. Zugedeckt für 10 Minuten ruhen lassen.
2 Anschließend mit den restlichen Zutaten zu einem geschmeidigen Teig verkneten und zugedeckt für 1 Stunde gehen lassen. Der Teig sollte sich in dieser Zeit verdoppeln.
3 Nach dem Ruhen auf der leicht bemehlten Arbeitsfläche zu einer Kugel formen und diese in 3-4 gleich große Stücke teilen. Diese durchkneten und vorsichtig in die Länge ziehen. Eng einrollen und zu länglichen Stangen formen.
4 Die Baguettes auf ein Backblech legen und zugedeckt nochmals 15 Minuten ruhen lassen.
5 In der Zwischenzeit den Backofen auf 180 Grad (Umluft) vorheizen.
6 Die Baguettes mit Wasser bestreichen und 20-25 Minuten im heißen Ofen backen, bis sie goldgelb sind.

TIPP: Das Kräuterbaguette lässt sich wunderbar im Tiefkühler aufbewahren und bei Bedarf einfach über Nacht bei Zimmertemperatur auftauen. Am nächsten Tag mit Wasser bepinselt nochmals für ein paar Minuten aufbacken.

Rahmgurkensalat

Frischer Gurkensalat mit Rahm ist für mich eines meiner liebsten Gerichte im Sommer. Er passt perfekt zu jedem BBQ, ist aber auch als Beilage zu anderen Gerichten zusammen mit frischem Baguette einfach perfekt.

Zeit: 15 Minuten

Zutaten

2 mittelgroße Salatgurken
5-6 Radieschen
3 EL Sauerrahm
3 EL Naturjoghurt
2 EL gehackter frischer
  Dill
1 TL gehackter Schnitt-
  lauch
1 mittelgroße rote Zwiebel
Salz

Zubereitung

1 Die Gurken schälen und in feine Scheiben raspeln.
2 Die Radieschen waschen und in feine Scheiben schneiden.
3 Sauerrahm und Naturjoghurt vermengen und die Kräuter unterrühren.
4 Die Zwiebel schälen und in feine Ringe schneiden.
5 Gurken, Radieschen und Zwiebel zusammen in einer Schüssel mit
  der Marinade vermengen. Zum Schluss mit Salz abschmecken.

Tofu-BBQ-Spieße

mit Mais und Zitronenbutter

Was wäre ein Sommer ohne die vielen Barbecues im Garten? Besonders die Kinder lieben Maiskolben, mit meiner Zitronenbutter sind sie wunderbar schmackhaft und passen perfekt zu den Tofu-Spießen.

Zeit: 20 Minuten

Zubereitung

Zutaten
1 Pkg. Tofu Natur
½ TL Paprikapulver
2 EL Olivenöl
2 kleine rote Zwiebeln
1 mittelgroße Zucchini
1 gelbe Paprika
Saft von ½ Zitrone
10 g Butter
1 EL gehackte frische
    Petersilie
4 Maiskolben (gegart)
Grobes Meersalz

1 Den Tofu aus der Verpackung nehmen, in ein Sieb legen und flach drücken, sodass das Wasser aus dem Tofu gedrückt wird.

2 In einer Schüssel das Paprikapulver mit dem Olivenöl vermengen und den Tofu darin mindestens 1 Stunde ziehen lassen.

3 Den Tofu in Würfel schneiden. Die Zwiebeln schälen und vierteln, Zucchini und Paprika in mundgerechte Stücke scheiden.

4 Die vorbereiteten Zutaten abwechselnd auf Spieße stecken.

5 Den Zitronensaft mit Butter und Petersilie mit einer Gabel vermengen.

6 Die Tofuspieße und Maiskolben auf dem Grill braten, bis alle Zutaten gebräunt sind.

7 Die Maiskolben mit der Zitronenbutter bestreichen und mit Meersalz bestreuen.

Der Herbst ist die Jahreszeit, in der die Natur eine Seite umblättert.

Der Garten im Herbst

Spätestens dann, wenn sich die Blätter an den Bäumen verfärben, ist es Herbst geworden. Im Garten bemerke ich die Veränderungen schon ein wenig eher und weiß genau, der Herbst und die kälteren Tage kündigen sich an. Die Erde bleibt morgens schon feuchter, auf den Blättern der Pflanzen im Gemüsegarten bleiben die Tautropfen länger liegen. Die Tomatenpflanzen haben bräunliche Blätter bekommen, und es sind nun weniger Bienen unterwegs als in der Hochblüte des Sommers. Jetzt ist die Zeit, sich um die Ernte zu kümmern und die Beete winterfit zu machen.

Im Herbst ist außerdem die Zeit, in der ich meine Töpfe für die Anzucht im nächsten Frühling vorbereite. Egal ob Töpfe aus Keramik, Ton oder aus Plastik, sie sollten unbedingt gereinigt werden. So verhindert man eine eventuelle Verbreitung von vorhandenen Pilzsporen auf die nächsten Jungpflanzen.

Die Reinigung ist ganz einfach. Ich nutze dafür die letzten Strahlen der Herbstsonne und fülle eine kleine Wanne mit Wasser und Spülmittel, so wie man es auch vom Abwasch im Haus kennt. Ich tauche meine Töpfe in das Seifenwasser und wasche sie mit einem Schwammtuch sorgfältig ab. Anschließend einfach mit klarem Wasser nachspülen und an der Sonne trocknen lassen. Aufeinander gestapelt bewahre ich sie in einer Kiste über den Winter auf, bis ich mit der erneuten Anzucht starte.

Rückschnitt – Vorbereitungen auf den Winter
Im Herbst ist es zudem Zeit, Sträucher und Bäume einen Rückschnitt zu verpassen. Das macht man, wenn die Blumen abgeerntet sind und, sehr wichtig, unbedingt, bevor der erste Frost kommt, damit die Pflanzen die entstandenen Wunden durch den Schnitt noch ausreichend verschließen können.

Fruchtfolge, Nachsaat Winter
Besonders wichtig, wie in jeder Jahreszeit, ist es, auf die Fruchtfolge zu achten und, wenn notwenig und gewünscht, nachzupflanzen, was abgeerntet wurde. Jetzt ist auch die richtige Zeit, um Blumenzwiebeln und Samenbomben (Seite 156) in die Beete einzubringen. Außerdem werden im Herbst die Knollen der Dahlien ausgegraben und in einer Kiste dunkel und kühl, am besten im Keller, bis zum nächsten Frühling gelagert. Dahlien schaffen es nicht, mit Frost zurechtzukommen, daher unbedingt ausgraben.

Erntetage und Einkochen – Vorbereitungen für den Winter
Die Hauptarbeit im Herbst ist die Verarbeitung der Ernte. Zu Beginn der Reife der Früchte ist es durchaus noch möglich, tageweise für den aktuellen Bedarf zu ernten, aber fast immer werden irgendwann so viele Früchte gleichzeitig reif, dass der Überschuss verarbeitet werden will und muss. Es bietet sich an, sich an Rezepte zu halten, die die Speisekammer bis an die Decke füllen, sodass wir den ganzen Winter über von unserer Ernte zehren können.

Gartenarbeiten im Herbst

- Ernte verarbeiten
- Nachsaat für den Winter
- Hecke und Bäume rückschneiden
- Beete mit Laub mulchen
- Hagebutten ernten und verarbeiten
- Samen beschriften und aufbewahren

Ich plane in der Hochzeit der Ernte richtige Erntetage ein. Ich nehme sie mir bewusst und habe so keinen Stress an den restlichen Tagen der Woche. Ich ernte großzügig und verarbeite anschließend oder spätestens am nächsten Tag alles, was in meinem Erntekorb gelandet ist. So entstehen viele Flaschen Sirup und Gläser mit Tomatensoßen, Sugos, Pestos, aber auch mit eingelegten Salaten und Gurken für die kommenden Monate.

Erdbeeren: Ausläufer schneiden und pflanzen

Erdbeeren dürfen für meinen Geschmack in keinem Garten fehlen. Wir lieben die reifen roten Früchte, aber auch die Pflanzen sind gerade in ihrer Blütezeit besonders hübsche Gartenfreunde. Erdbeeren haben einen wunderbaren Vorteil: Sie vermehren sich von selbst und bilden über die Saison Ausläufer. Hat man die Pflanzen in einem Hochbeet oder Topf, sind die Ausläufer sehr leicht zu finden, sie hängen meist über und bilden oft eine lange Kette, an der sich immer wieder neue Blätter bilden. An der Unterseite starten die Erdbeerpflanzen ganz von alleine eine Wurzelbildung. Sind diese groß genug, können die Ausläufer einfach von der Mutterpflanze abgeknipst werden und in Töpfen oder im Beet vereinzelt werden. Wer den Vorgang der Wurzelbildung beschleunigen will, kann die Ableger auch in ein Glas mit Wasser legen, so werden die Wurzeln schnell groß und kräftig und die Pflanzen können ins Beet.

Ernten und lagern

Nicht alle geernteten Früchte und Gemüsesorten müssen verkocht werden, um sie über den Winter lagern zu können. Ein Beispiel hierfür sind Karotten, die in einer Holzkiste in Sand vergraben gelagert werden und so haltbar und frisch bleiben. Ähnlich kann man auch Äpfel einlagern, auf Bretter gelegt, sodass die Luft gut zirkulieren kann und sich die Äpfel nicht berühren. Wer auf Nummer sicher gehen möchte, kocht seine Lebensmittel ein und verarbeitet sie zu Soßen und Co. oder fermentiert sie, wie man es schon zu früheren Zeiten zum Beispiel mit Sauerkraut gemacht hat, um sich über den Winter selbst mit ausreichend Vitaminen versorgen zu können (Seite 12).

Samenbomben herstellen

Samenbomben sind eine ganz einfache und schnelle Möglichkeit, Samen in Gruppen in Beeten auszubringen, aber auch als Geschenk sind sie eine tolle Idee. Bei der Herstellung können schon die Kleinsten mithelfen und matschen.

Materialliste

Sand
Erde
Wasser
Blumensamen

do it yourself

Sand und Erde in einem Mischverhältnis 1:1 miteinander vermengen. Etwas kaltes Wasser nach und nach zugeben und gut verrühren, bis sich ein fester Brei entwickelt, der sich, ähnlich wie Knödel in der Küche, gut formen lässt.

Die bereitgestellten Samen mischen. In der flachen Hand eine etwa Esslöffel große Portion Erde-Sand-Mischung flach drücken und eine etwa Teelöffel große Portion Samen in die Mitte geben. Rund zu einem Ball verschließen. Mit feuchten Händen gut glatt streichen und an der Luft trocknen lassen.

In Zeitung, Butterbrotpapier oder kleine Säckchen füllen und verschenken. Oder die Samenbomben im Herbst oder Frühjahr in den Beeten vergraben.

Windlichter

mit bunten Herbstblättern

Wenn sich die Blätter bunt färben und von den Bäumen fallen, ist es Zeit für den ersten Herbst-spaziergang. Kein Ausflug vergeht ohne Mitbringsel aus der Natur. Vor allem bunte Blätter in allen Größen und Formen kommen dann in unsere Beutel und werden nach Hause getragen. Sie lassen sich nicht nur wunderbar für Blätterdrucke verwenden, sondern sind auch ein toller Schmuck für Windlichter aus alten Gläsern.

Materialliste	do it yourself
Alte Gläser Bunte Herbstblätter Draht Schnüre und Kordeln Teelichter oder Kerzen	Die Gläser gut reinigen und trocknen. Die Blätter rund um die Gläser anordnen und mit einem Draht festbinden. Mit Schnüren und Kordeln verzieren. In den Gläsern jeweils eine Kerze oder ein Teelicht platzieren.

TIPP: Mit einem Stück Draht kann rund um den Hals des Glases auch eine Aufhängung angebracht werden. So lassen sich die kleinen Windlichter in die Bäume hängen.

Samen ernten und aufbewahren

Egal ob Paprika, Zucchini, Kürbis oder Tomate – Samen sammeln ist ganz einfach. In jedem Jahr nehme ich so genügend Samen von meinen geernteten Pflanzen, um sie zu trocknen und im nächsten Jahr wieder neue Pflanzen ziehen zu können. Einzige Voraussetzung: die Ursprungspflanzen bzw. Samen müssen sortenrein sein und somit für die Vermehrung geeignet sein.

Materialliste

Gemüse (z.B. Paprika, Zucchini, Kürbis, Tomaten)
Messer
Löffel
Engmaschiges Küchensieb
Küchenpapier
Gläser und/oder Tüten zur Aufbewahrung

do it yourself

Das Gemüse halbieren und die Kerne vorsichtig entnehmen. Das Fruchtfleisch von den Tomaten durch ein Sieb streichen, die Paprikakerne einfach mit den Fingern entnehmen. Erst auf Küchenpapier für einige Tage trocknen lassen und anschließend in Gläsern oder Samentüten trocknen lassen.

TIPP: Viele Samen können trocken getrennt und sofort abgefüllt werden. Bei den allermeisten Pflanzen wartet man auf die Blüte. Sind die Blumen vertrocknet, werden die Samen sichtbar und können, nachdem sie angetrocknet sind, einfach entnommen werden. Auf diese Weise ernte ich die Samen von Ringelblumen und Kornblumen, aber auch von Mangold, Radieschen und Rucola.

Türkranz

aus Naturmaterialien

Ich mag den Herbst, eine meiner liebsten Jahreszeiten. Die Natur zeigt sich in einem wundervollen Farbspiel. Bunte Blätter und rote Hagebutten. Alles färbt sich. Raschelnde Blätter am Wegesrand. Kastanien sammeln und lange Spaziergänge. Ich hole mir den bunten Herbst total gerne ins Haus in Form von Deko und kleinen Sträußen auf dem Tisch. Aber auch vor der Haustüre ist ein bisschen Deko einfach ein Muss, am liebsten in Form eines Herbstkranzes an der Tür. Und der lässt sich ganz einfach selbst flechten und auch die Kleinsten können schon mithelfen. Was man benötigt, liefert einem die Natur selbst.

Materialliste

Baumwollschnur und/oder
  Blumendraht
1 Metallkranz mit Auf-
  hängung
Äste und Blätter von Efeu,
  Hortensien und Lorbeer
Bunte Beeren oder Hage-
  butten
Gartenschere
Handschuhe

do it yourself

Die Baumwollschnur oder den Draht zu Beginn am unteren Rand des Kranzes verknoten. Die Äste und Blätter nun überlappend am Kranz anbringen und mit der Schnur oder dem Blumendraht festziehen.

Beeren oder Hagebutten mit einarbeiten. Der Fantasie sind keine Grenzen gesetzt und jeder Herbstkranz wird tatsächlich ein individuelles Einzelstück.

TIPP: Den Kranz an einem wärmeren, dunklen Ort trocknen lassen, dann hält er sich an der Tür für einige Wochen. Im Winter lässt sich auf diese Weise besonders hübsch ein Kranz mit Tannenzweigen binden.

Kerzen aus Nussschalen

Ohne Nüsse kein Herbst. Die kleinen Nussschalen sind nicht nur entzückende kleine Boote, sondern können außerdem gefüllt mit Wachs zu kleinen Kerzen umfunktioniert werden. So können auch die Kerzenreste vom letzten Winter nochmals verbraucht werden, bevor die nächste Wintersaison ansteht.

Materialliste

Altes Marmeladenglas
Kleiner Topf
Kerzenreste
Wachsmalkreiden
Holzspäne zum Umrühren
Walnussschalen
Dochte
Wäscheklammer

do it yourself

Die Kerzenreste in ein altes Marmeladenglas füllen und in einen kleinen Topf stellen. Diesen 2-3 Fingerbreit mit Wasser anfüllen und auf dem Herd erhitzen. Auf mittlerer Stufe das Wachs im Glas zum Schmelzen bringen. Mit kleinen Stücken von Wachsmalkreiden kann dem geschmolzenen Wachs Farbe zugegeben werden.

Die Nussschalen jeweils mit einem Docht bestücken, dabei die Wäscheklammer zum Fixieren nutzen, damit der Docht nicht verrutscht, und vorsichtig mit dem flüssigen Wachs befüllen. Erkalten lassen, bis das Kerzenwachs hart ist.

TIPP: In einem mit Wasser gefüllten Glas oder Bottich sind Kerzen in Nussschalen eine wunderbare Deko für Gartenpartys.

Omas Reisauflauf

mit Zimtäpfeln

Eine meiner frühesten Kindheitserinnerungen ist Omas Reisauflauf. Niemand, aber auch wirklich niemand backt ihn genau so wie sie. Mit ein Grund, warum er immer vorab bei Oma bestellt wurde, wenn unser Besuch angekündigt war, und alle haben sich um den Reisauflauf regelrecht gerissen. Er ist übrigens eine perfekte Resteverwertung von Schokolade, die längst weg muss, wie kleine Osterhasen oder Nikoläuse.

Zeit: 1 Stunde

Zutaten
300 g Rundkornreis
4 Eier
350 ml Milch
100 g Zucker
2 TL Vanillezucker
1 Prise Salz
4 große Äpfel
10 g Butter
100 g Kochschokolade
1 TL Zimtpulver
2 TL Rosinen

Zubereitung

1. Den Reis in einem Topf mit der 2,5-fachen Menge Wasser ca. 20 Minuten weich garen, danach abkühlen lassen.
2. Die Eier in einer Schüssel aufschlagen und zusammen mit Milch, Zucker, Vanillezucker und dem Salz gut vermengen.
3. Die Äpfel schälen und in Würfel schneiden.
4. Eine Auflaufform mit der Butter ausfetten, den Reis in 2 Portionen teilen. Die erste Portion in der Auflaufform verteilen und andrücken.
5. Die Kochschokolade in Stücke brechen und darauf verteilen. Mit der halben Menge der Äpfel belegen und den Zimt und die Rosinen daraufstreuen.
6. Die zweite Portion Reis darauf verteilen und andrücken. Zum Schluss den Reis mit den restlichen Apfelwürfeln belegen.
7. Die Milch-Ei-Mischung in die Auflaufform über den Reis gießen.
8. Im vorgeheizten Backofen bei 180 Grad (Ober-/Unterhitze) 20-25 Minuten backen.

TIPP: Der süße Reisauflauf schmeckt am besten lauwarm aus dem Ofen, ist aber auch kalt ein Hit. Er kann mit Birnen variiert werden.

Apfelstrudel

Kein Herbst ohne saftigen Apfelstrudel mit frischen Äpfeln direkt vom Baum in meinem Garten. Nur bei der Frage „mit oder ohne Rosinen" herrscht auch in meiner Familie keine Einigkeit. Ich persönlich kann ihn mir ohne Rosinen gar nicht vorstellen.

Zeit: 1 Stunde

Zutaten
1,5 kg Äpfel
20 g Butter
2 EL Honig
Saft von 1 Zitrone
50 g Semmelbrösel
2 EL Rosinen
2 Pkg. Strudelteig
1 Eigelb
2 EL Milch
Staubzucker zum
   Bestreuen

Zubereitung

1 Die Äpfel halbieren, vom Kerngehäuse befreien und anschließend in kleine Würfel schneiden.
2 Die Butter langsam in einer Pfanne erhitzen, die Äpfel zugeben und leicht anrösten. Honig und Zitronensaft zugeben und gut vermengen.
3 Semmelbrösel und Rosinen mit in die Pfanne geben und alles langsam miteinander vermengen.
4 Den Strudelteig ausrollen und mit der Apfelmasse im unteren Drittel belegen, dabei zu den Seiten ca. 2 Fingerbreit freilassen. Die Seitenteile über die Masse schlagen und den Strudel eng aufrollen.
5 Den Strudel auf ein mit Backpapier belegtes Backblech geben und mit einer Gabel an der Oberseite mehrmals einstechen.
6 Das Eigelb mit der Milch in einer Tasse vermengen und den Strudel damit bestreichen.
7 Im vorgeheizten Backofen bei 200 Grad (Umluft) ca. 20 Minuten backen, bis der Strudel goldgelb ist.
8 Mit Staubzucker bestreuen und servieren.

TIPP: Den Strudel fertig vorbereiten, 10 Minuten anbacken und in Backpapier einwickeln. Im Tiefkühler lagern und bei Hunger auf Apfelstrudel entnehmen und einfach frisch fertig backen.

Tarte Tatin

mit Weingartenpfirsichen

Weingartenpfirsiche sind in der Erntezeit ein wahres Highlight für mich. Sie sind kleiner als andere Pfirsiche, aber ich liebe die Saftigkeit und ihre Süße.

Zeit: 1,5 Stunden

Zutaten

Für den Teig
100 g Butter
180 g glattes Weizenmehl
50 g Rohrohrzucker
1 Eigelb
1 Prise Salz
Mehl für die Arbeitsfläche

Für die Füllung
50 g Butter
60 g Rohrohrzucker
5-6 Weingartenpfirsiche

Zubereitung

1 Alle Zutaten für den Teig in einer Küchenmaschine zu einem glatten Teig verkneten, dann zu einer Kugel formen und in Folie oder einem Wachstuch gewickelt für 20 Minuten im Kühlschrank ruhen lassen.

2 In der Zwischenzeit einen ofenfesten Topf oder eine Tortenform auf dem Herd erhitzen. Die Butter darin langsam erhitzen und schmelzen. 100 Gramm Rohrohrzucker zugeben und langsam karamellisieren lassen, dann vom Herd nehmen.

3 Die Pfirsiche gut waschen, halbieren und entsteinen. Eng in die karamellisierte Masse legen, dabei zum Rand hin 1 Zentimeter Abstand lassen.

4 Den Teig auf der leicht bemehlten Arbeitsfläche in Topf- bzw. Formgröße ausrollen und über die Pfirsiche legen. Die Ränder am Boden des Topfes gut andrücken, sodass die Pfirsiche gut umschlossen sind.

5 Im vorgeheizten Backofen bei 180 Grad (Umluft) 25-30 Minuten backen.

6 Die Tarte Tatin abkühlen lassen, einen Teller auf die Öffnung legen und die Tarte durch Umdrehen darauf stürzen.

Buttermilchwaffeln

mit Heidelbeeren

Sonntagsfrühstück de luxe mit frischen Heidelbeeren aus dem Garten, die wunderbar süß schmecken und perfekt zu Buttermilchwaffeln passen.

Zeit: 30 Minuten

Zutaten
2 Eier
200 g Buttermilch
4 EL brauner Zucker
25 g Butter + etwas Butter
    für das Waffeleisen
1 Prise Salz
150 g Mehl
1 TL Backpulver
200 g Heidelbeeren
Staubzucker zum
    Bestreuen

Zubereitung

1   Eier, Buttermilch und Zucker miteinander vermischen. Die Butter in einem Topf schmelzen und unterrühren.
2   Salz, Mehl und Backpulver zugeben. Die Zutaten zu einem geschmeidigen Teig verrühren und 15 Minuten abgedeckt ruhen lassen.
3   Ein Waffeleisen gut mit Butter einfetten und erhitzen. Eine Teigportion ins Waffeleisen geben, ein paar Heidelbeeren darauf verteilen und goldgelb backen. Auf diese Weise vier Waffeln backen.
4   Die fertigen Waffeln mit Staubzucker bestreuen und genießen.

Birnenkompott

mit Salted-Caramel-Granola

Birnen in Form von Kompott einzulegen ist nicht nur einfach, sondern auch perfekt für kalte Wintertage. Gerade zum Frühstück mit wunderbar herrlichem Granola sind die Birnen dann oft auf unserem Tisch zu finden.

Zeit: 1 Stunde

Zutaten

Für das Birnenkompott
2 kg Birnen
200 ml Birnensaft
2 EL Vanillepaste
Saft von 1 Zitrone
1 Zimtstange je Einmachglas
1 EL ganze Nelken

Für das Granola
40 g Butter
5 EL Salzkaramell
80 g feine Haferflocken
50 g Buchweizen
30 g Quinoa-Pops
1 EL Honig
30 g Rosinen

Zubereitung

1 Die Birnen schälen, halbieren und mit einem Löffel das Kerngehäuse entfernen.
2 In einem Topf 250 Milliliter Wasser mit dem Birnensaft aufkochen, Vanillepaste und Zitronensaft zugeben.
3 Die Hitze reduzieren, die Birnenhälften einlegen und bissfest kochen. Die Birnen sind weich genug, wenn man sie mit der Gabel ansticht und sie von der Gabel rutschen.
4 Vorsichtig in sterile Gläser schichten, Zimtstange und Nelken zugeben. Mit dem Kochsud aufgießen und die Gläser gut verschließen.
5 Für das Granola Butter und Salzkaramell langsam in einem Topf auf dem Herd schmelzen.
6 Die restlichen Zutaten in einer Schüssel miteinander vermengen, die Butter-Karamell-Mischung darübergießen und alles gut vermischen.
7 Die Granola-Mischung in eine Ofenform gießen, darin verteilen und im vorgeheizten Backofen bei 180 Grad (Umluft) 5 Minuten anrösten.
8 Aus dem Ofen nehmen, kurz etwas abkühlen lassen, dann in gut verschließbare Gläser füllen.
9 Die Birnenhälften aus den Gläsern zusammen mit dem Salted-Caramel-Granola servieren.

TIPP: Eis, Vanillesoße, aber auch Joghurt und Schlagobers passen perfekt zu den Birnen mit Salted-Caramel-Granola.

Wiesendudler

Kräutersirup aus dem Garten

Aus den Kräutern des Sommers wird Sirup für den Winter. Abgefüllt in Flaschen für mich eine der schönsten Möglichkeiten zu konservieren.

Zeit: 30 Minuten

Zubereitung

Zutaten
2 Handvoll Eberraute
1 Handvoll Minze
1 Handvoll Melisse
3 Zitronen
1 Liter Wasser
100 g Zucker

1. Die Kräuter gut waschen und in ein großes Bügelglas füllen.
2. Die Zitronen heiß waschen, trocknen, in Scheiben schneiden und zu den Kräutern geben.
3. Das Wasser in einen großen Topf geben, den Zucker darin auflösen und zum Kochen bringen. 5 Minuten köcheln lassen und anschließend über die Kräuter gießen.
4. Das Glas locker verschlossen für 24 Stunden bei Zimmertemperatur belassen und die Kräuter ziehen lassen. Danach den fertigen Sirup abseihen und in Flaschen füllen.

Shakshuka

mit Brot

Ich liebe Frühstück süß mit Marmeladen und Kuchen, aber auch herzhafte Gerichte dürfen auf dem Tisch nicht fehlen. Das wirklich Gute an Shakshuka? Es passt einfach zu jeder Tageszeit und muss nicht nur zum Frühstück serviert werden.

Zeit: 20 Minuten

Zutaten
1 mittelgroße Zwiebel
2 Knoblauchzehen
2 EL Olivenöl
5 mittelgroße Tomaten
150 ml passierte Tomaten
gemahlener Kreuzkümmel
Salz
Gehackter frischer
    Koriander
2 Eier
Frisches Sauerteigbrot
    und gesalzene Butter
    zum Servieren

Zubereitung

1 Die Zwiebel in feine Würfel, den Knoblauch in Scheiben schneiden. Beides in einer Pfanne im Olivenöl anbraten.
2 Die Tomaten in Achtel schneiden und mit den passierten Tomaten zugeben. Das Ganze leicht köcheln lassen.
3 Die entstandene sämige Tomatensoße mit Kreuzkümmel, Salz und fein gehacktem Koriander würzen.
4 2 Eier direkt in die Pfanne aufschlagen und mit einem Kochlöffel ein Mal im Uhrzeigersinn durch die Pfanne gleiten. Auf mittlerer Stufe warten, bis die Eier leicht gestockt sind, und nicht mehr umrühren.
5 Shakshuka in der Pfanne servieren. Dazu passt am besten frisches Sauerteigbrot mit gesalzener Butter.

Tomatenmarmelade

mit Ziegenkäsecreme und Pumpernickel-Crunch

Tomaten sind für mich wahnsinnig faszinierend. Seit ich sie selbst vorziehe und groß werden lasse, schätze ich die roten Früchte um einiges mehr als früher. Aus einem winzig kleinen Samenkorn wird eine mächtige Pflanze, die im besten Fall ganz viele Früchte trägt, die sich in allerlei Sugos und So-ßen verarbeiten lassen. Tomaten sind so vielseitig, dass aus ihnen auch Marmelade gemacht werden kann, die hervorragend zu herzhaften salzigen Speisen passt und viele Gerichte abrundet.

Zeit: 30 Minuten

Zutaten

Für die Marmelade
1 kg frische Tomaten
500 g Gelierzucker 1:2
1 TL Vanillepaste

Für den Pumpernickel-Crunch
3 Scheiben Pumpernickel
1 EL Olivenöl

Für die Käsecreme
100 g Ziegenfrischkäse
2 EL Crème fraîche

Zubereitung

1 Die Tomaten vierteln und in einem Topf mit dem Gelierzucker und der Vanillepaste vermengen. Aufkochen lassen und anschließend leicht köcheln lassen, bis die Tomaten weich und die Marmelade leicht eingedickt ist.

2 Durch eine Flotte Lotte drücken und in sterile Gläser füllen, gut verschließen und für 10 Minuten auf den Kopf stellen.

3 Den Pumpernickel mit den Händen in einer Schüssel zerbröseln, dann auf ein mit Backpapier belegtes Blech geben und mit Oliven-öl beträufeln. Im vorgeheizten Backofen bei 180 Grad (Umluft) 10 Minuten backen, bis die Pumpernickelstücke kross sind.

4 Für die Käsecreme Ziegenfrischkäse zusammen mit Crème fraîche in einem Mixer schaumig rühren.

5 Auf einem Teller einen Spiegel mit Marmelade aufziehen. Mit 2 Teelöffeln eine Nocke aus der Käsecreme abstechen und auf dem Teller platzieren. Mit Pumpernickelbrösel bestreuen.

Eingelegte Senffrüchte

Früchte, frisch geerntet aus dem Garten, müssen nicht immer zu Marmeladen und Sirup verarbeitet werden. Ein Überschuss eignet sich auch gut zum Einlegen und Konservieren. Daraus lassen sich beispielsweise herrliche Senffrüchte zaubern, die die perfekte Beilage zu herzhaften Gerichten sind. Die ursprünglich aus Italien stammenden „mostarda di frutta" sind die perfekten Begleiter für viele Speisen.

Zeit: 1 Stunde

Zutaten
200 g Marillen
300 g Äpfel
200 g Zwetschgen
100 g Pfirsiche
2-3 Feigen
1 Bio-Zitrone

Für den Sud
80 ml Weißweinessig
20 ml heller Aceto
  balsamico
750 ml Wasser
250 g Zucker
2-3 Zimtstangen
2 EL Senfkörner
40 g Senfpulver

Zubereitung

1 Die Früchte waschen, von Kernen und Kerngehäusen befreien und in Spalten schneiden.
2 Die Zitrone heiß waschen, trocknen und die Schale mit dem Sparschäler abschneiden. Die weiße Haut mit dem Messer entfernen und die Zitrone ebenfalls in Spalten schneiden.
3 Für den Sud Weißwein- und Balsamico-Essig zusammen mit dem Wasser in einen Topf gießen und den Zucker darin auflösen. Aufkochen und für 10 Minuten leicht köcheln lassen.
4 Die Früchte in ein großes Glas schichten, Zimtstangen und Senfkörner zugeben.
5 Das Senfpulver in den Essigsud geben und darin auflösen. Den Sud über die Früchte gießen und das Glas gut verschließen.

Maissuppe

mit Grissini

Vor einigen Jahren haben wir aus Neugierde begonnen, Mais anzubauen. Er wächst als Lückenfüller und Abtrennung im Gemüsegarten zwischen anderen Pflanzen. Die Mengen sind (noch) überschaubar, aber letztendlich genug, um daraus auch eine herzhafte Maissuppe zu kochen und zu genießen.

Zeit: 1,5 Stunden

Zutaten

Für die Grissini
200 g Dinkelvollkornmehl
1 TL Salz
100 ml warmes Wasser
2 EL Olivenöl
Mehl für die Arbeitsfläche
Grobes Meersalz

Für die Suppe
3 Maiskolben
2 Frühlingszwiebeln
2 EL Olivenöl
1 EL Tomatenmark
1 EL Suppenpaste
   (Seite 192)
2 mittelgroße Kartoffeln
150 ml Schlagobers
Salz

Zubereitung

1   Für die Grissini Mehl, Salz und Wasser zusammen mit 1 Esslöffel Olivenöl zu einem glatten Teig verkneten, dann zu einer Rolle formen und im Kühlschrank 30 Minuten kalt stellen.

2   Auf der leicht bemehlten Arbeitsfläche mit einer Teigkarte dünne Stücke von der Rolle abschneiden. Diese vorsichtig in die Länge ziehen und zu Grissini formen.

3   Auf ein mit Backpapier belegtes Backblech legen, mit restlichem Olivenöl bepinseln und mit grobem Meersalz bestreuen. Im vorgeheizten Backofen bei 180 Grad (Umluft) 10-12 Minuten backen.

4   Für die Suppe mit einem Messer die Maiskörner von den Kolben schneiden.

5   Die Zwiebeln fein hacken und in einem Topf im Olivenöl anbraten. Das Tomatenmark zugeben und die Maisstücke ebenfalls darin anbraten.

6   Mit Wasser ablöschen, bis der Inhalt zu zwei Dritteln mit Wasser bedeckt ist. Die Suppenpaste einrühren.

7   Die Kartoffeln schälen, fein würfeln und ebenfalls zugeben. Auf mittlerer Stufe weich dünsten.

8   Den Schlagobers zugeben und die Suppe fein pürieren. Mit Salz abschmecken.

Zigarren-Börek

mit Rotkraut und Minze-Joghurt

Gute Küche muss und darf einfach sein, zeitgleich soll sie aber allen schmecken. Gerade deswegen verbinde ich gerne Fingerfood mit gesundem Gemüse. Was könnte besser passen als meine Zigarren-Börek?

Zeit: 1 Stunde

Zutaten für 15-20 Stück
150 g Feta
150 g Sauerrahm
1 Ei
2 EL Milch
1 Pkg. Yufka-Teigblätter
    für Börek
100 g Rotkraut (gegart)
Sonnenblumenöl zum
    Frittieren

Für den Dip
1 EL frisch gehackte Minze
4 EL Naturjoghurt
1 Knoblauchzehe
Saft von ½ Zitrone
1 EL Olivenöl

Zubereitung

1 Den Feta in einer Schüssel mit einer Gabel zerdrücken. Mit dem Sauerrahm zu Brei vermengen.

2 Das Ei mit der Milch in einem Becher vermengen.

3 Jeweils zwei Yufka-Teigblätter übereinander legen und die Ränder mit der Ei-Milch-Mischung bepinseln.

4 An der breiten Seite 1 Esslöffel Füllung längs verteilen und das Blatt eng darum herumlegen, zwei Mal rollen und anschließend die Seiten nach innen klappen. Bis zum Ende fertig einrollen. So entsteht ein Zigarren-Börek. Auf diese Weise die weiteren Zigarren-Börek herstellen.

5 In einer Pfanne ca. fingerdick Öl erhitzen und die Börek darin von allen Seiten langsam goldgelb backen. Auf Küchenpapier abtropfen lassen.

6 Für den Dip alle Zutaten in einer Schüssel vermengen und mit den Zigarren-Börek servieren.

Vegan

Potatoe Wedges

mit Brombeerketchup

Ein Rezept, das in keiner Saison fehlen darf, ist Ketchup. Wie die meisten Kinder lieben auch meine Kinder Ketchup - und ich auch. Meine zuckerreduzierte Version ist perfekt, um Tomaten einzukochen, verfeinert mit Brombeeren bietet sie ein besonderes Geschmacks- und Farberlebnis.

Zeit: 1 Stunde

Zutaten

Für das Ketchup
500 g Tomaten
200 g Brombeeren
2 getrocknete Tomaten
½ TL Paprikapulver
1 TL Worcestersoße
5 TL Zucker (alternativ
    Honig)
Salz und Kräuter nach
    Geschmack

Für die Potatoe Wedges
500 g Kartoffeln
50 ml Olivenöl
½ TL Meersalz
1 TL mildes Paprikapulver
Saft von ½ Zitrone
1 TL Rosmarinnadeln

Zubereitung

1 Die Tomaten vierteln und die Kerne entfernen. Die Tomaten in einen Topf geben, mit etwas Wasser bedecken und weich kochen.
2 Die Brombeeren waschen, zugeben und 5 Minuten mitköcheln.
3 Mit den restlichen Zutaten zu einem feinen Brei pürieren, heiß in sterile Flaschen abfüllen und gut verschließen.
4 Für die Potatoe Weges die Kartoffeln schälen und vierteln.
5 In einer Schüssel das Olivenöl mit Meersalz, Paprikapulver, Zitronensaft und Rosmarin vermengen.
6 Die Kartoffeln in der Marinade schwenken, anschließend auf einem mit Backpapier belegten Backblech verteilen und im vorgeheizten Backofen bei 200 Grad (Umluft) ca. 30 Minuten backen, bis sie weich sind. Zwischendurch wenden. Mit dem Brombeerketchup servieren.

Suppenpaste

Suppenpaste ist eine meiner Gewürzlieblinge in der Küche. Kaum ein Gericht kommt bei mir ohne einen kleines Löffelchen davon aus. So kann ich zum einen meinen Gemüsevorrat sinnvoll verarbeiten und zum anderen den Anteil an Salz in Gerichten reduzieren. Der Geschmack ist mit keinem gekauften Suppengewürz vergleichbar und natürlich kommt meine Suppenpaste auch ohne Konservierungsstoffe aus.

Zeit: 30 Minuten

Zutaten
500 g Gemüse und
    Kräuter (z.B. Pastinake,
    Karotte, Petersilien-
    wurzel, Sellerie,
    Schnittlauch, Petersilie,
    Liebstöckel)
100 g Salz

Zubereitung

1 Das Gemüse schälen und in grobe Stücke schneiden.
2 Auf ein mit Backpapier belegtes Blech legen und im Backofen bei 180 Grad (Umluft) ca. 20 Minuten weich garen.
3 In einem Blender zusammen mit Salz und Kräutern zu einem feinen Brei pürieren.
4 In Gläser füllen, kühl und dunkel lagern.

TIPP: Die Suppenpaste in 1 Liter Wasser kochen, anschließend die Suppenbrühe in einen Eiswürfelbehälter füllen und bei Bedarf einzeln entnehmen, zum Beispiel als Basis für eine Soße.

Bunte Herbstlasagne

Einen Gemüseüberschuss während der Erntezeit zu verarbeiten ist manchmal gar nicht so einfach. Neben einfachen Suppen lässt sich auch eine kunterbunte Lasagne mit Gemüse einfach und schnell zubereiten. Sie sieht nicht nur fabelhaft aus, sondern schmeckt auch ganz wunderbar.

Zeit: 1 Stunde

Zutaten
1 Hokkaido-Kürbis
1 rote Zwiebel
1 EL Olivenöl
Salz
400 ml Milch
4-5 Rote Rüben
200 g Blattspinat
1 EL Butter
1,5 EL glattes Mehl
1,5 TL Suppenpaste
  (Seite 192)
Butter für die Form
Einige Lasagneblätter
  (Seite 28)
150 g geriebener
  Mozzarella

Zubereitung

1 Den Kürbis waschen, halbieren und entkernen. Die eine Hälfte des Kürbisses in gröbere Würfel schneiden, die andere Hälfte in dünne Scheiben schneiden. Die Scheiben auf ein Backblech legen und für 15-20 Minuten bei 200 Grad in den Backofen geben.

2 In der Zwischenzeit die Zwiebel in feine Würfel schneiden und im Olivenöl anbraten. Die Kürbiswürfel dazugeben und mit Salz würzen.

3 Mit 100 Milliliter Milch aufgießen, aufkochen lassen, dann pürieren und abschmecken.

4 Die Roten Rüben schälen und in einem leistungsstarken Blender zusammen mit 50 Milliliter Wasser pürieren.

5 Den Blattspinat in einem Topf mit kochendem Wasser blanchieren, dann abgießen und kurz in einer Schüssel mit Eiswasser abschrecken.

6 In einem Topf die Béchamelsoße zubereiten. Für die Mehlschwitze die Butter erhitzen und das Mehl mit einem Schneebesen glatt einrühren, mit 300 Millilitern Milch aufgießen und unter Rühren aufkochen lassen. Wenn die Milch kocht, den Topf von der Kochstelle ziehen und die Suppenpaste einrühren. Auf kleiner Stufe 5 Minuten weiter köcheln lassen, dabei ab und zu umrühren.

7 Eine Auflaufform mit Butter ausfetten und mit den Kürbisscheiben belegen. Mit der Hälfte des Kürbispürees bedecken und darauf Lasagneblätter schichten.

8 Als zweite Schicht das Rote-Rüben-Püree verteilen und wieder Lasagneblätter oben auflegen.

9 Als dritte Schicht den Spinat auf den Lasagneblättern verteilen, mit einem Löffel die Hälfte der Béchamelsoße darauf verteilen und wieder Lasagneblätter auflegen.

10 Als letzte Schicht das restliche Kürbispüree verteilen und darauf den Rest der Béchamelsoße verteilen.

11 Mit geriebenem Mozzarella bestreuen und im vorgeheizten Backofen bei 200 Grad ca. 30 Minuten garen. Mit einer Gabel eine Stichprobe durchführen, um festzustellen, ob die Lasagneblätter wirklich weich geworden sind.

12 Ist die Lasagne fertig, aus dem Ofen holen und vor dem Anschneiden 10 Minuten ruhen lassen. In Stücke schneiden und servieren.

TIPP: Die Schale des Hokkaido-Kürbisses ist essbar, deswegen muss er nicht geschält werden.

mit Halloumi

Zu meinem liebsten Gerichten gehören Bowls in allen Variationen. Sie sind nicht nur schnell zubereitet, sondern es lässt sich ganz nach Saison alles verwerten, was der Garten gerade hergibt. Meine Burrito Bowl mit Reis und Halloumi ist der Liebling meiner Kinder.

Zeit: 30 Minuten

Zutaten

Für den Reis
300 g Langkornreis
2 EL Olivenöl
2 EL gehackter frischer Koriander
Saft von 1½ Limette

Für die Bowl
1 frischer Eisbergsalat
4 große Tomaten
2 kleine Salatgurken
1 Maiskolben (gegart)
2 Pkg. Halloumi
1 TL Paprikapulver
1 EL Olivenöl
200 g rote Bohnen
    (vorgegart)

Für die Soße
1 TL mittelscharfer Senf
2 EL Joghurt
2 EL Topfen
Salz

Zubereitung

1 Den Reis waschen, abtropfen lassen und in einem Topf im Olivenöl glasig anrösten. Mit der 2,5-fachen Menge an Wasser aufgießen und auf kleiner Stufe 20-25 Minuten weich dünsten.

2 Den Koriander zusammen mit dem Limettensaft zum fertigen Reis geben und gut vermengen.

3 Für die Bowl den Salat in feine Streifen, die Tomaten und Gurken in Scheiben schneiden. Die Maiskörner mit einem scharfen Messer vom Kolben abschneiden.

4 Den Halloumi in Würfel schneiden und mit Paprikapulver würzen. In einer beschichteten Pfanne im Olivenöl anbraten.

5 Alle Zutaten zusammen mit dem Reis in einer Schüssel anrichten.

6 Für die Soße alle Zutaten zusammen in einer kleinen Schüssel vermengen, mit Salz abschmecken und über die Bowl träufeln.

Eingekochtes Kürbismus

Kürbis gehört zu einem meiner liebsten Gemüse. Im kühlen, trockenen Keller lassen sich die Kürbisse über Monate lagern. Wer diese Möglichkeit nicht hat, kann Kürbis einkochen und so für den Winter haltbar machen.

Zeit: 2 Stunden

Zutaten
1 mittelgroße Zwiebel
2 EL Olivenöl
500 g Kürbisfruchtfleisch
1 TL Suppenpaste
   (Seite 192)
½ TL gehackte Petersilie

Zubereitung

1   Die Zwiebel schälen, fein hacken und in einem Topf im Olivenöl anrösten.
2   Das Kürbisfruchtfleisch würfeln, zugeben und leicht anbraten.
3   Mit Wasser ablöschen, bis die Kürbiswürfel zu zwei Drittel mit Wasser bedeckt sind. Aufkochen lassen und Suppenpaste und Petersilie zugeben.
4   Sind die Kürbisstücke weich gekocht, mit einem Stabmixer zu einer feinen Masse pürieren.
5   Noch heiß in gut verschließbare Gläser füllen und im Backofen einkochen (Seite 12).

TIPP: Wird Kürbis ohne jegliche Zutaten nur mit Wasser weich gekocht, anschließend püriert und eingekocht, kann er auch für süße Speisen verwendet werden.

Gefüllte Focaccia

mit Paprika-Tomaten-Ragout und Melanzani

Für ein Gefühl, das uns im Herbst noch an den vergangen Sommer erinnert, backe ich eine Focaccia, gefüllt mit sonnengereiften Tomaten.

Zeit: 2,5 Stunden

Zutaten

Für die Focaccia
½ Würfel frische Germ
   oder 1 Pkg. Trockenhefe
1 TL Honig
220 ml lauwarmes Wasser
380 g glattes Weizenmehl
   oder Pizzamehl Type 00
1 TL Salz
50 ml Olivenöl
1 TL gehackter Rosmarin

Für die Füllung
1 rote Zwiebel
2 EL Olivenöl
1 rote Paprika
400 g Tomaten
½ Melanzani
1 TL Worcestersoße
1 EL Aceto balsamico
Salz
Etwas Frischkäse zum
   Bestreichen

Zubereitung

1 Hefe mit Honig vermischen und mit lauwarmem Wasser verrühren. Zugedeckt für 10 Minuten ruhen lassen.
2 Die Hefemischung mit Mehl und Salz zu einem glatten Teig verkneten, zu einer Kugel formen und mit 1 Esslöffel Olivenöl bestreichen. Für 1 Stunde zugedeckt ruhen lassen. Der Teig sollte sich in dieser Zeit mindestens verdoppeln.
3 Den Teig auf einer leicht bemehlten Arbeitsfläche nochmal gut kneten. Eine eckige Ofenform mit Backpapier auslegen und den Teig hineinlegen.
4 Mit den Fingern kleine Kuhlen hineindrücken, mit restlichem Olivenöl bepinseln und mit Rosmarin bestreuen. Im vorgeheizten Backofen bei 180 Grad (Umluft) für ca. 15 Minuten backen, bis die Focaccia schön goldgelb ist.
5 In der Zwischenzeit die Füllung vorbereiten. Die Zwiebel fein hacken und im Olivenöl anbraten. Paprika und Tomaten fein würfeln, Melanzani in dünne Scheiben schneiden und zugeben.
6 Mit Worcestersoße und Balsamico-Essig ablöschen und auf kleiner Stufe köcheln lassen. Mit Salz abschmecken.
7 Die Focaccia waagrecht aufschneiden, mit Frischkäse bestreichen und mit der Füllung belegen. Den Deckel auflegen und in Portionen schneiden.

Spätzle

mit Paprika-Rahmsoße

Kinder lieben Nudeln und meine Kinder besonders Spätzle. Die Nähe und Verbundenheit des Papas zum Bodensee haben ihnen die Liebe zu echten Vorarlberger Käsknöpfle in die Wiege gelegt. Spätzle kochen wir also nach Papas Rezept in einer abgewandelten Version mit Paprikasoße von mir.

Zeit: 40 Minuten

Zutaten

Für die Spätzle
350 g glattes Dinkelmehl
2 Eier
250 ml Milch
4 g Salz

Für die Soße
1 mittelgroße Zwiebel
1 rote Paprika
1 EL Olivenöl
1 EL Tomatenmark
½ TL edelsüßes Paprika-
   pulver
120 ml Milch
3 EL Sauerrahm
3 EL Crème fraîche
Salz
100 g geriebener Käse
   (z.B. Emmentaler)

Zubereitung

1 Für die Spätzle alle Zutaten in der Küchenmaschine auf mittlerer Stufe schlagen, bis der Teig Blasen wirft.

2 In einem großen Topf Wasser zum Kochen bringen, den Teig durch eine Spätzlereibe in den Topf gleiten lassen und die Spätzle kurz garen. Anschließend herausnehmen, abtropfen lassen und beiseite stellen.

3 Für die Soße die Zwiebel fein hacken, die Paprika in Streifen schneiden. Beides in einer Pfanne im heißen Olivenöl glasig anbraten.

4 Tomatenmark und Paprikapulver zugeben, verrühren und mit der Milch aufgießen.

5 Sauerrahm und Crème fraîche einrühren und mit Salz abschmecken.

6 Spätzle und geriebenen Käse zur Soße geben, alles gut vermengen und servieren.

Homemade Burger

mit Bohnenlaibchen

Hast du schon mal Buns selbst gebacken? Nicht nur meine Kinder lieben die fluffigen Brötchen, sondern auch wir Erwachsenen können von den runden Köstlichkeiten nicht genug bekommen. Burger sind zwar nicht schnell zubereitet, da das Backen der Buns seine Zeit braucht, aber der Mehraufwand im Vergleich zu gekauften Brötchen lohnt sich sehr. Gefüllt werden können die Burger ganz nach Lust und Laune. Bei uns sind besonders Bohnenlaibchen sehr beliebt.

Zeit: 2,5 Stunden

Zutaten

Für die Buns
1 TL Honig
1 Pkg. Trockenhefe oder
   ½ Würfel frische Germ
200 ml lauwarmes Wasser
480 g glattes Mehl
4 EL Milch
1 Eigelb
½ TL Salz
Mehl für die Arbeitsfläche

Zum Bestreichen
1 Ei
1 EL Milch
Helle Sesamsamen

Für die Laibchen
200 g Couscous
150 g rote Bohnen
   (gegart)
1 mittelgroße rote Zwiebel
½ TL mittelscharfer Senf
1 TL Tomatenmark
½ TL Salz
3 EL Haferflocken
2-3 EL glattes Weizen-
   mehl
2 EL Olivenöl zum Braten

Außerdem
2 Handvoll Salatblätter
1 Zwiebel
1 Gurke
Etwas Mayonnaise

Zubereitung

1 Für die Buns den Honig mit der Hefe vermischen und das Wasser zugeben. Die Hefe-Honig-Mischung darin auflösen und zugedeckt 10 Minuten ruhen lassen.

2 Mehl, Milch, Eigelb und Salz mit der Hefemischung zu einem glatten Teig verarbeiten. Danach den Teig an einem warmen Ort mindestens 1 Stunde zugedeckt gehen lassen. Der Teig sollte sich in dieser Zeit mindestens verdoppeln.

3 Auf der leicht bemehlten Arbeitsfläche den Teig zu einer Kugel formen, in 8 gleich große Stücke teilen und die Teiglinge auf der Arbeitsplatte rund schleifen.

4 Auf ein mit Backpapier belegtes Backblech setzen und zugedeckt 20 Minuten ruhen lassen.

5 Ei und Milch verrühren, die Teigkugeln damit bestreichen und mit Sesam bestreuen. Im vorgeheizten Backofen bei 180 Grad (Umluft) 15-20 Minuten backen, bis sie goldgelb sind.

6 In der Zwischenzeit die Laibchen vorbereiten. Den Couscous mit der doppelten Menge kochendem Wasser in einer Schüssel übergießen, mit einem Teller abdecken und ziehen lassen.

7 Bohnen und geschälte Zwiebel mit dem Stabmixer zu einem feinen Brei pürieren. Den abgekühlten Couscous zusammen mit den restlichen Zutaten zugeben und miteinander vermengen.

8 Mit einem Löffel Portionen abstechen und diese zu Kugeln formen. In einer beschichteten Pfanne das Öl erhitzen, die Kugeln in die Pfanne legen und mit einem Pfannenwender vorsichtig flach drücken. Langsam und auf mittlerer Stufe von beiden Seiten braten. Anschließend auf Küchenpapier abtropfen lassen.

9 Die fertigen Buns in der Mitte durchschneiden, die Unterseiten mit fein geschnittenem Salat belegen und die Laibchen darauf setzen.

10 Zwiebel in Ringe und Gurke in Scheiben schneiden und zusammen mit der Mayonnaise auf die Laibchen geben. Den Deckel auflegen und servieren.

Dukkah

mit Haselnüssen und Sesam

Dukkah ist eine der einfachsten Möglichkeiten, Gerichte aufzuwerten, den nötigen Pep zu verleihen und die Haselnüsse vom Strauch gleich direkt zu verarbeiten und zu konservieren.

Zeit: 15 Minuten

Zutaten
150 g ganze Haselnüsse
2 EL Koriandersamen
2 EL Fenchelsamen
1 EL schwarze Sesam-
    samen

Zubereitung

1. Die Hälfte der Haselnüsse fein hacken, die andere Hälfte grob zerkleinern.
2. Die Nüsse in einer beschichteten Pfanne ohne Zugabe von Öl 2-3 Minuten anrösten, dabei immer wieder wenden, damit sie nicht schwarz werden.
3. Koriander- und Fenchelsamen mit einem Nudelholz auf einem Brett vorsichtig zerdrücken, gerade so, dass die Oberfläche der Samen gebrochen wird.
4. Die Samen zu den Haselnüssen geben und ebenfalls anrösten. Zum Schluss den Sesam untermischen.
5. In ein Glas füllen und zu diversen Speisen servieren.

TIPP: Dukkah passt nicht nur perfekt zu herzhaften und salzigen Speisen und Aufstrichen, ein kleiner Löffel voll davon ist auch ein wunderbares Topping für süßen Milchreis und Porridge.

In der Stille und Geduld
des Winters liegt
die Kraft für das Neue.

Der Garten im Winter

Im Winter kehrt Ruhe ein im Familiengarten. Das Leben konzentriert sich auf den Innenbereich und hat sich (wieder) ins Wohnzimmer verlagert. Der Garten ist still und leise. Die Erde erholt sich vom Erntejahr und nährt sich vom Humus, den wir im Herbst in die Erde eingearbeitet haben.

Wer nicht möchte, verzichtet im Winter auf einen Anbau, aber ganz grundsätzlich kann der Familiengarten rund ums Jahr bewirtschaftet werden. Solltest du dich aber gegen einen Anbau im Winter entscheiden, dann genieße die Winterpause, um Kraft zu tanken und dich zu erholen, ganz so, wie es auch dein Garten jetzt tut. Kümmere dich um deine neuen Anzuchtpläne, sortiere deine Samen, bestelle Saatgut nach und bereite dich vor.

Den Garten winterfest machen
Bevor der Garten in den Winter startet, sollten die letzten Arbeiten erledigt werden. Kümmere dich vor allem um deine Wasseranschlüsse. Entleere Wasserschläuche und Gießkannen und verwahre sie im Trockenen, schließe Wasserhähne im Garten und pflege auch deine Wasserpumpe, solltest du einen Brunnen und ein Hauswasserwerk besitzen.

Kümmere dich um deine Regentonne und lasse eine Wasserflasche darin schwimmen, damit das Wasser darin nicht friert und die Tonne beschädigt wird oder entleere sie zur Gänze. Vor dem ersten Nachtfrost sollte der Rasen nochmals zurückgeschnitten werden, der Grasschnitt kann als Mulchschicht auf die Gemüsebeete aufgebracht werden.

Jetzt ist auch der Zeitpunkt, die Nistkästen der Vögel zu säubern und die Vogelhäuschen mit Futter zu befüllen. Sollte es bereits sehr kalt sein, kannst du auch Vogelfutterringe oder Meisenknödel in die Bäume hängen.

Wintergemüse anbauen
Gerade im Winter gibt es Sorten, die ohne weiteres angebaut und weiterhin geerntet werden können. So entferne ich Mangold nach dem Erntejahr nicht, sondern belasse ihn auch über den Winter in meinem Beet. Der Ertrag ist natürlich nicht so hoch wie im Sommer, aber im Frühling ist der Mangold dann einer der Ersten im Gemüsebeet, der voll durchstartet.

Außerdem kannst du zum Ende des Winters, Ende Januar/Anfang Februar, schon folgende Gemüsesorten aussäen: Erbsen, Fenchel, Kohlgemüse, Porree. Spinat und Radieschen sind die ersten Samen, die ich Ende Februar/Anfang März in die Erde ausbringe, um im März und April bereits erstes frisches Gemüse ernten zu können.

Zwiebelpflanzen aussäen
Bevor der erste Frost kommt ist nun noch die Zeit, Blumenzwiebeln für den Frühling in die Erde einzubringen und Samenbomen zu vergraben. Achtung, jetzt sollten Dahlienknollen aus den Beeten ausgegraben werden, um sie kühl und trocken im Haus zu lagern bis zum nächsten Frühling.

Gartenarbeiten im Winter

- Außenwasser abschalten, Schläuche und Gießkannen entleeren und winterfest lagern
- In die Regentonne eine gefüllte Flasche hängen, damit sie nicht gefriert
- Laub von den Oberseiten der Hecken entfernen und zu kleinen Häufchen für die Igel zusammenrechen
- Nistkästen und Vogelhäuschen säubern
- Rasen vor dem ersten Frost nochmals mähen
- Anfang Februar mit dem Vorziehen der Gemüsepflanzen beginnen

Vogelfutterringe

Damit die Vögel im Garten gut versorgt sind und im Frühling wieder ihre Nester in unseren Bäumen bauen, versorgen wir sie an kalten Wintertagen mit selbst gemachten Vogelfutterringen.

Materialliste

300 g Bio-Kokosöl
200 g Vogelfutter-
    mischung
100 g Haferflocken
Donutform oder andere
    Förmchen
Feste Gartenschnur

do it yourself

Das Kokosöl in einem Topf auf dem Herd erhitzen und flüssig werden lassen.

Vogelfutter und Haferflocken vermengen, eine Donutform damit ausfüllen. Das Kokosöl darübergießen. Im Kühlschrank fest werden lassen, anschließend vorsichtig aus der Form lösen.

Eine Gartenschnur durch die Mitte der Ringe ziehen und im Garten in die Bäume hängen.

Sprossenbeet

aus Milchtüten

Sprossen sind perfekt, um uns in der kalten Jahreszeit mit genügend Vitaminen zu versorgen. Die Microgreens strotzen nur so vor Nährstoffen. Sie wachsen schnell und sind wahnsinnig vielseitig. Tetra-Paks lassen sich hervorragend zu kleinen Anzuchtbeeten für Sprossen umfunktionieren.

Materialliste

1 Tetra-Pak
Teppichmesser oder
 Schere
Erde
Sprossensamen
Sprühflasche

do it yourself

Den Tetra-Pak gut ausspülen, trocknen, mit einer Schere oder einem Teppichmesser 1 Zentimeter vom Rand entfernt an der Oberseite ein Rechteck ausschneiden.

Den Tetra-Pak zu zwei Dritteln mit Erde anfüllen und die Erde andrücken, die Sprossensamen darauf verteilen und mit einer Sprühflache zwei Mal täglich mit Wasser besprühen und feucht halten.

Geschenkanhänger

mit Blumendruck

Kleine Geschenke brauchen auch Anhänger. Gerne habe ich diese auf Vorrat schnell zur Hand. Sie sind die beste Möglichkeit, um Kinder an kalten Tagen zu Hause zu beschäftigen, und machen großen Spaß.

Materialliste

Für den Salzteig
50 g Salz
50 g Mehl
Einige Löffel Wasser

Außerdem
Blätter
Getrocknete Blumen
Runder Ausstecher
1 Zahnstocher oder Holz-
    spieß

do it yourself

Salz und Mehl in einer Schüssel vermengen und löffelweise Wasser zugeben, bis ein geschmeidiger Teig entstanden ist. Zu einer Kugel formen und mit Hilfe eines Nudelholzes ca. 1 Zentimeter dick ausrollen.

Blätter und Blüten vorsichtig auf den Salzteig drücken und mit dem Nudelholz vorsichtig mit etwas Druck darüber rollen. Blüten und Blätter vorsichtig abziehen.

Mit einem runden Ausstecher kleine Kreise ausstechen, diese auf ein Backblech legen und mit einem Zahnstocher kleine Löcher für die spätere Aufhängung formen.

Im Ofen bei 150 Grad (Umluft) ca. 30 Minuten trocknen. Danach über Nacht bei Zimmertemperatur stehen lassen und vollständig aushärten lassen.

TIPP: Der Salzteig kann mit Wasserfarben, Filzstiften, aber auch Acrylfarben zusätzlich noch bemalt werden.

Apfeldruck-Geschenkpapier

Geschenkpapier machen wir gerne selbst. Übers Jahr sammle ich Verpackungsmaterial und Papier, um es dann zu allen Anlässen, aber besonders zu Weihnachten, wieder zu verwenden. Eine wunderbare Upcycling-Idee für Material, das sowieso im Müll landen würde.

Die Ideen sind vielseitig und das Ergebnis jedes mal individuell. Mit Kindern lässt sich Geschenkpapier mit Naturmaterialien am besten bestempeln. Mit Blättern und Blüten im Herbst, aber auch mit Kartoffeln können tolle Stempel zum Bedrucken hergestellt werden. Die einfachste Möglichkeit sind Äpfel für den Apfeldruck.

Materialliste

Packpapier aus dem Baumarkt oder altes Verpackungsmaterial
2-3 kleine Äpfel
Acrylfarben

do it yourself

Das Packpapier auf dem Tisch glatt ausbreiten. Wer möchte, kann es mit ein paar Klebestreifen am Tisch fixieren, damit es nicht verrutschen kann.

Die Äpfel halbieren und die Schnittflächen mit Acrylfarbe bestreichen. Auf das Packpapier drücken und kleine Apfelhälften stempeln. Gut trocknen lassen und zur Aufbewahrung einrollen oder falten.

Baumscheiben-Deko

für Weihnachten

Weihnachtliche Deko lässt sich wahnsinnig schnell und einfach mit übrigen und/oder vorhandenen Materialien aus dem Garten zaubern. Nach dem Baumschnitt im Herbst behalte ich stärkere Äste auf und schneide mit einer Säge Scheiben daraus. Diese sind für diverse Bastelarbeiten vielseitig einsetzbar.

Materialliste

Kastanienbohrer
Baumscheiben
Heißklebepistole oder
    Holzkleber
Äste von kleinen Tannen-
    bäumchen
Papier zum Verzieren
Schere
Stempel
Schnur

do it yourself

Mit einem kleinen Kastanienbohrer ein ca. 0,5 Zentimeter tiefes Loch in die Mitte einer Baumscheibe bohren. Den Kleber ins Loch füllen, einen Tannenzweig hineinstecken und einige Minuten fixieren, bis er festhält.

Auf ein Papier kleine Sterne aufzeichnen und ausschneiden. Mit weihnachtlichen Sprüchen bestempeln. Mit Hilfe einer Schere ein kleines Loch in den Stern stechen, eine Schnur durchfädeln und die Sterne so am Ast befestigen.

TIPP: Die kleinen Sterne mit den Namen der Gäste bestempeln und als Platzkärtchen verwenden.

Zwetschgen-Topfenknödel

Omas Zwetschgenknödel – ein richtiger Klassiker, der bei uns in vielen Variationen jedes Jahr auf den Tellern landet. Der wirklich einfache Obstknödelteig lässt sich auch passend zur Saison mit Erdbeeren, Marillen oder auch Schokolade füllen.

Zeit: 1 Stunde

Zutaten für 12-14 Stück

Für die Knödel
180 g glattes Dinkelmehl
1 Ei
30 g Butter
250 g Topfen
Mehl für die Arbeitsfläche
12-14 Zwetschgen

Zum Fertigstellen
50 g Semmelbrösel
30 g Butter
10 g geriebene Haselnüsse
Staubzucker zum Bestreuen

Zubereitung

1 Für die Knödel Mehl mit Ei, Butter und Topfen zu einem glatten, geschmeidigen Teig verarbeiten. Anschließend zu einer Kugel formen und in ein Wachstuch gewickelt oder in einer Schüssel für 20 Minuten kalt stellen.

2 Den Teig auf der leicht bemehlten Arbeitsfläche zu einer Rolle formen und in 12-14 gleichmäßige Stücke schneiden.

3 Jeweils eine Teigportion in der Hand flach drücken, eine Zwetschge in die Mitte setzen, mit Teig einschlagen und zu einem Knödel formen.

4 Einen großen Topf mit Wasser füllen und zum Kochen bringen. Die Knödel vorsichtig ins Wasser hineingleiten lassen und die Hitze auf mittlere Stufe reduzieren. Die Knödel sind fertig, wenn sie aufgestiegen sind und „Purzelbäume schlagen", also sich um sich selbst drehen. Das dauert in etwa 15-20 Minuten.

5 Für die Bröselmischung in einer Pfanne die Semmelbrösel in der Butter anrösten und die geriebenen Haselnüsse zugeben. Die fertigen Zwetschgenknödel darin wälzen und mit Staubzucker bestreuen.

TIPP: Die Knödel können tiefgefroren werden, indem man sie auf ein Brett legt und in den Tiefkühler gibt. Nach 1 Stunde dann in einen großen TK-Sack oder eine Box füllen, so lassen sich die Knödel einzeln entnehmen und kleben nicht aneinander.

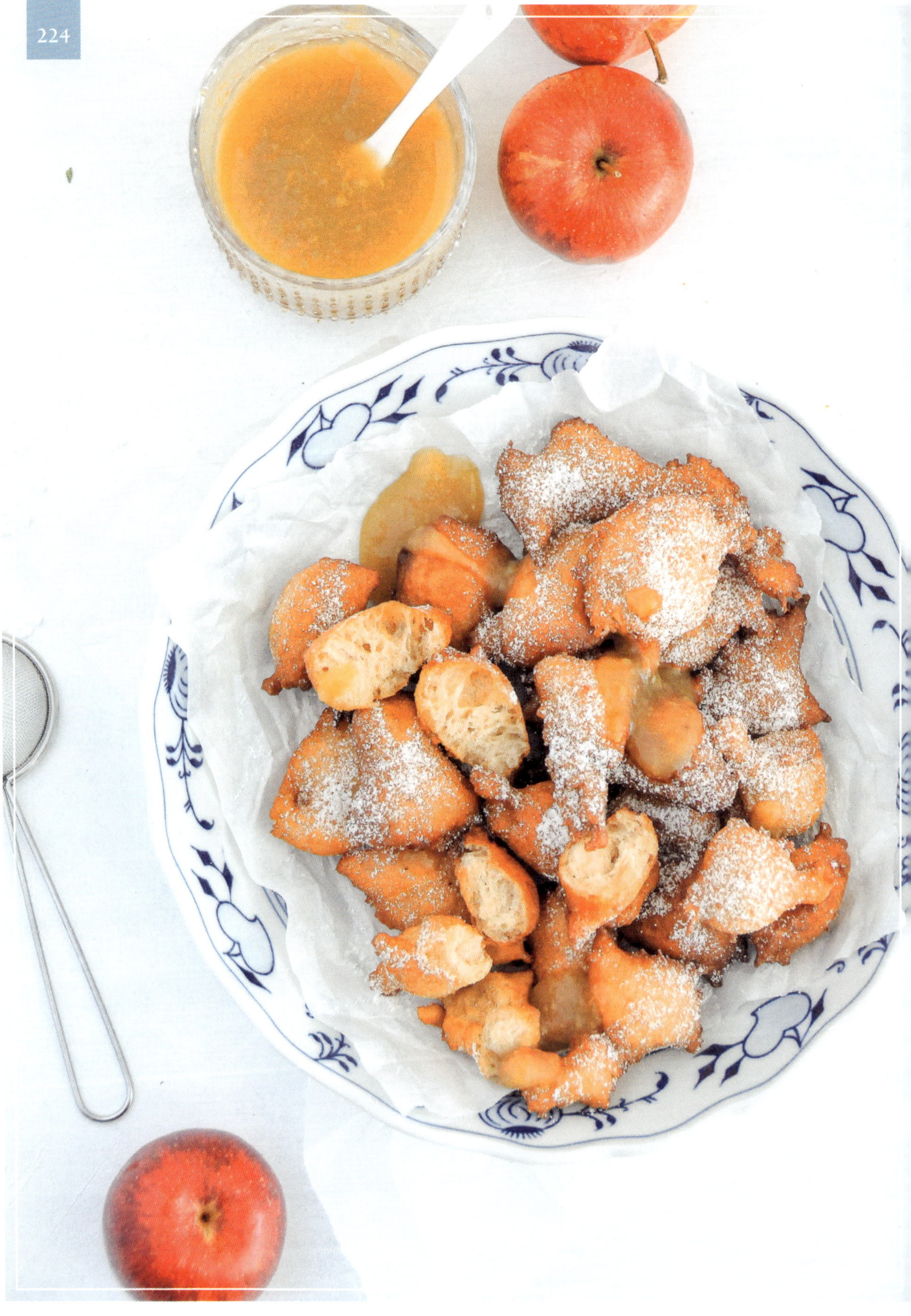

Gebackene Mäuse

mit Apfelmus

Süßes Gebäck wie es Kinder einfach lieben. Gebackene Mäuse sind zwar zeitintensiv in der Herstellung, aber jede einzelne Minute lohnt sich.

Zeit: 1,5 Stunden

Zutaten

Für die gebackenen Mäuse

300 ml Milch
1 Pkg. Trockenhefe oder
    ½ Würfel frische Germ
1 TL Honig
450 g glattes Mehl
50 g Zucker
1 Prise Salz
50 g Butter
1 Eigelb
Sonnenblumen- oder
    Rapsöl zum Backen
Staubzucker zum
    Bestreuen

Für das Apfelmus

1 kg Äpfel
3 Nelken
1 Zimtstange
1 EL Vanillepaste

Zubereitung

1 Die Milch lauwarm erwärmen. Hefe in Honig auflösen und mit der Milch vermengen. Zugedeckt 10 Minuten ruhen lassen.

2 Mehl, Zucker, Salz, Butter und Eigelb in eine Rührschüssel geben, die Hefemilch darübergießen und alles zu einem geschmeidigen Teig verkneten. Den Teig zu einer Kugel formen und zugedeckt an einem warmen Ort für mindestens 1 Stunde ruhen lassen. Der Teig sollte sich in dieser Zeit verdoppeln.

3 In der Zwischenzeit das Apfelmus vorbereiten. Die Äpfel schälen, entkernen und in kleine Stücke schneiden. In einem Topf mit etwas Wasser bedecken, Nelken, Zimtstange und Vanillepaste zugeben und weich dünsten.

4 Sind die Äpfel bissfest, Nelken und Zimtstange herausholen, die Äpfel mit einem Stabmixer pürieren und in sterile Gläser abfüllen. Gut verschließen und kühl lagern. (Möchtest du die Gläser für einen langen Zeitraum einkochen und haltbar machen, dann solltest du sie unbedingt im Backofen einkochen, die Details dazu findest du auf Seite 12.)

5 Einen mittelgroßen Topf ca. 15 Zentimeter hoch mit Öl füllen und dieses auf dem Herd erhitzen. Von der Teigmasse mit einem Esslöffel Nocken abstechen und diese vorsichtig ins heiße Öl gleiten lassen.

6 Auf mittlerer Stufe backen, bis sie goldgelb sind. Mit einer Schaumkelle aus dem Öl heben, auf Küchenpapier abtropfen lassen und mit Staubzucker bestreuen.

7 Gebackene Mäuse schmecken am besten, wenn man sie in Apfelmus tunkt.

Äpfel im Schlafrock

nach Omas Rezept

Meine Liebe zur einfachen Küche kommt ganz bestimmt von meiner Oma. Schon als Kind konnte ich ihr fast täglich beim Kochen zusehen und fleißig mithelfen. Wenn es Äpfel im Schlafrock gab, hat mein Herz schon in meiner Kindheit Luftsprünge gemacht. So simpel, so lecker und perfekt, um eine Apfelernte zu verarbeiten.

Zeit: 45 Minuten

Zutaten
3 Eier
1 Prise Salz
280 ml Milch
200 g glattes Dinkelmehl
4-5 große Äpfel
Butter für die Pfanne
Staubzucker zum
    Bestreuen

Zubereitung

1 Die Eier trennen. Dotter mit dem Salz schaumig schlagen. Die Milch zugeben und gut verrühren.
2 Das Eiweiß zu Schnee aufschlagen und abwechselnd mit dem Mehl in die Teigmasse rühren.
3 Die Äpfel schälen und das Kerngehäuse mit einem Kernhausausstecher entfernen. Die Äpfel in ca. fingerdicke Ringe schneiden und diese vorsichtig in der Teigmasse tunken.
4 In einer beschichteten Pfanne 1 Esslöffel Butter erhitzen und die Apfelscheiben darin goldgelb backen.
5 Auf einem Teller anrichten und mit Staubzucker bestreuen.

Schoko-Bars

mit Roten Rüben

Gemüse im Kuchen klang für mich immer recht befremdlich. So ein Kuchen muss doch regelrecht nach Karotten, Roten Rüben und Co. schmecken und kann weder süß noch besonders gut schmecken. Tja, falsch gedacht, denn manches Gemüse hat ungewürzt so wenig Eigengeschmack, dass es sich hervorragend in allerlei Gerichte integrieren lässt, ohne aufdringlich in Erscheinung zu treten. Besonders Rote Rüben, auch Rote Bete oder Ronen genannt, sind hier unglaublich wandelbar und werten einen einfachen Schokoladenkuchen ganz schnell auf.

Zeit: ca. 1 Stunde

Zutaten für eine Ofenform

3-4 mittelgroße Rote Rüben (entspricht in etwa 350-400 g)
80 g Butter
200 g dunkle Kochschokolade
3 Eier
80 g brauner Zucker
180 g glattes Dinkelmehl
1 TL Backpulver
1 Prise Salz

Für die Deko

1 Becher fertige Schokoladenglasur (ca. 150 g)
1 kleine Packung Salzbrezeln

Zubereitung

1 Die Roten Rüben schälen, vierteln und in einem Topf mit Wasser bedeckt weich garen. Abseihen und abkühlen lassen. Anschließend in einem Blender oder mit einem Stabmixer zu einer feinen Masse pürieren.
2 Butter und Schokolade zusammen im Wasserbad langsam schmelzen.
3 Eier mit Zucker schaumig schlagen, Mehl, Backpulver und Salz untermischen. Zum Schluss das Rote-Rüben-Püree und die Butter-Schoko-Mischung in den Teig einarbeiten.
4 Eine Ofenform mit Backpapier auslegen und die Masse darin verteilen. Bei 180 Grad im vorgeheizten Backofen auf mittlerer Schiene für ca. 20 Minuten backen. Nadelprobe machen: Mit einer Stricknadel an der dicksten Stelle einstechen. Klebt kein Teig mehr an der Nadel, ist der Kuchen durch.
5 Nach dem Abkühlen den Kuchen mit Schokoladenglasur überziehen und mit Salzbrezeln garnieren. In Bars – also einzelne kleine Stücke – schneiden, solange die Glasur noch weich ist.

TIPP: Weich gegarte Rote Rüben können portionsweise auf Vorrat tiefgefroren werden.

Kürbis-Cupcakes

mit Frischkäse-Topping

Winterliche Bäckereien sind für mich neben vielen Weihnachtskeksen auch kleine Leckereien wie Cupcakes. Ich verstecke in Kuchen sehr gerne Gemüse in Form von Mus. Kürbis bietet sich wegen seines süßlichen Geschmacks nahezu an, in kleinen Cupcakes verarbeitet zu werden. Sie werden nicht nur wunderbar süß, sondern richtig flaumig und fluffig.

Zeit: 50 Minuten

Zutaten für ca. 12 Cupcakes

3 Eier
80 g Butter
120 g Zucker
50 g Buttermilch
200 g Kürbismus
   (Seite 198)
240 g Mehl
2 TL Backpulver
2 TL Natron
1 Prise Salz

Für das Topping

200 g Frischkäse natur
100 g Mascarpone
60 g Zucker
Saft von ½ Zitrone
Bunte Zuckerperlen

12 Muffinförmchen

Zubereitung

1 Die Eier trennen. Dotter mit Butter und Zucker schaumig rühren. Buttermilch und Kürbispüree langsam unterziehen.
2 Mehl mit Backpulver und Natron vermischen.
3 Das Eiweiß mit dem Salz zu Schnee schlagen und abwechselnd mit der Mehlmischung langsam unter die Eimasse heben.
4 Die Muffinförmchen jeweils zu zwei Drittel mit der Teigmasse füllen und im vorgeheizten Backofen bei 180 Grad (Umluft) ca. 15 Minuten backen. Nadelprobe machen: Mit einer Stricknadel an der dicksten Stelle einstechen. Klebt kein Teig mehr an der Nadel, sind die Muffins durch.
5 Für das Topping Frischkäse und Mascarpone miteinander vermengen. Zucker und Zitronensaft ganz langsam untermischen.
6 Die Creme in einen Dressiersack mit Sterntülle füllen und die Cupcakes damit verzieren. Zum Schluss bunte Zuckerperlen oben draufgeben.

Familientee

mit Kräutern aus dem Garten

Tee im Winter ist ein tägliches Ritual. Die Kräuter stärken und nähren uns von Innen, und es tut dem Körper einfach gut, immer wieder von innen gewärmt zu werden.

In meinen Familientee verpacke ich alle Kräuter und Geschmäcker, die uns schmecken. Apfel für ein wenig Süße, Lavendel für die Nase, aber auch Thymian und Salbei für Hals und Atemwege. So schmeckt der Tee nicht nur ganz wunderbar, sondern hat auch zusätzlich einen guten Zweck erfüllt, und unsere Abwehrkräfte arbeiten.

Einen Familien- oder Haustee zu mischen, ist zudem ein schönes Ritual und der Tee vielleicht auch eine kleine Besonderheit für die ganze Familie.

Zeit: 4 Tage

Zutaten
1 Bund Salbei
1 Bund Thymian
1 Bund Lavendel
3 mittelgroße Äpfel
2 Handvoll Erdbeerblätter
Einige Ringelblumen-
    blüten

Zubereitung

1 Die Kräuter trocknen (Seite 104). Einen Teil der Blätter und Kräuter nach dem Trocknen in kleinere Stücke zerteilen.
2 Die Äpfel vom Kerngehäuse befreien und in kleine Stücke schneiden. In eine mit Butterbrotpapier ausgelegte Auflaufform legen und über 4 Tage trocknen lassen. Dabei immer wieder umrühren und neu verteilen.
3 Alle Zutaten in ein großes Glas mit Bügelverschluss füllen und gut verschließen.

TIPP: Ein Familientee wächst mit dem Gartenjahr, ich sammle alle Zutaten über den ganzen Sommer hinweg und trockne die Kräuter für den Winter.

Vollkorntoastbrot

mit Karotten

Brote zu backen zählt zu einer meiner größten Leidenschaften. Zur Verfeinerung meiner Laibe liebe ich es, Joghurt, Cerealien, aber auch Gemüse in den Teig mit einzuarbeiten. So wird das Brot besonders saftig und ein Teil des Mehls kann durch das gesunde Gemüse ersetzt werden. Ein besonders einfaches Brot ist ein Ziegel Toastbrot, verfeinert mit Karotten ist es bei uns sehr beliebt.

Zeit: 2 Stunden

Zutaten

1 Pkg. Trockenhefe oder
  ½ Würfel frische Germ
1 TL Honig
350 ml Wasser
2 EL Sonnenblumenkerne
120 g Karotten
100 g Naturjoghurt
1,5 TL Salz
150 g Dinkelvollkornmehl
500 g glattes Weizenmehl

Zubereitung

1 Hefe und Honig in einem großen Glas miteinander vermengen. 150 Milliliter lauwarmes Wasser zugeben und zugedeckt 10 Minuten ruhen lassen.

2 In der Zwischenzeit ein weiteres Glas mit 200 Milliliter lauwarmem Wasser füllen, die Sonnenblumenkerne zugeben und quellen lassen.

3 In einer Rührschüssel die restlichen Zutaten vorbereiten. Die Karotten fein reiben, mit den Sonnenblumenkernen samt Wasser und der Hefemischung zugeben. Naturjoghurt, Salz und beide Mehlsorten zugeben.

4 Den Teig in der Küchenmaschine auf langsamer Stufe ca. 10 Minuten verrühren.

5 In einer großen Schüssel gut zugedeckt an einem warmen Ort für mindestens 1 Stunde ruhen lassen. Der Teig sollte sich in dieser Zeit mindestens verdoppeln.

6 Eine Kastenform mit Backpapier auslegen und den Teig hineingießen. Die Kastenform samt Teig nun ruhen lassen, bis der Backofen auf 210 Grad (Umluft) aufgeheizt ist.

7 Das Toastbrot bei 210 Grad (Umluft) für 15 Minuten backen, anschließend die Temperatur auf 180 Grad (Umluft) reduzieren und in weiteren 30 Minuten fertig backen.

8 Für mindestens 1 Stunde auf einem Gitterrost auskühlen lassen, bis das Toastbrot angeschnitten wird.

TIPP: Das Gemüse kann je nach Saison variiert und ersetzt bzw. ergänzt werden. Das Brot schmeckt auch mit Zucchini und Tomaten großartig.

Rote-Linsen-Eintopf

mit Kürbisnockerl

Winterzeit ist ganz klar Eintopfzeit. Mit viel Gemüse und Kürbisnockerl.

Zeit: 1 Stunde

Zutaten

Für den Eintopf
100 g Süßkartoffeln
200 g Kartoffeln
150 g rote Linsen
1 gelbe Zwiebel
1 Knoblauchzehe
2 EL Olivenöl
1 rote Chilischote
1 EL Tomatenmark
1 TL mittelscharfer Senf
3 mittelgroße Tomaten
2 TL Suppenpaste
   (Seite 192)
1 Handvoll gehackte
   Korianderblätter
Salz

Für die Kürbisnockerl
320 g Vollkorndinkelmehl
2 Eier
220 ml Milch
4 g Salz
50 g Kürbismus
   (Seite 198)

Zubereitung

1　Süßkartoffeln und Kartoffeln schälen und in nicht zu grobe Stücke schneiden. Die Linsen gut waschen.
2　Zwiebel und Knoblauch schälen und fein schneiden, in einem Topf im Olivenöl anbraten.
3　Die Chilischote der Länge nach halbieren, nach Wunsch entkernen und in feine Stücke schneiden. Zusammen mit Tomatenmark und Senf in die Pfanne geben.
4　Die Tomaten grob würfeln und zusammen mit Süßkartoffeln, Kartoffeln und 700 Milliliter Wasser zugeben. Die Suppenpaste einrühren und 15 Minuten köcheln lassen.
5　Linsen und gehackten Koriander mit in den Topf geben und weitere 10 Minuten garen. Mit Salz abschmecken.
6　Für die Nockerl einen großen Topf mit Wasser zum Kochen bringen.
7　Die Zutaten mit einer Küchenmaschine gut vermengen. Mit Hilfe von 2 Teelöffeln kleine Nocken aus dem Teig abstechen und ins heiße Wasser gleiten lassen.

Die Nockerl sind fertig, wenn sie an der Oberfläche schwimmen. Mit einer Schaumkelle aus dem Wasser heben und mit dem Eintopf servieren.

mit Gremolata

Karfiol ist für mich viel mehr als eine Suppenzutat. Oft hat genau diese Gemüse einen schlechten Ruf und Kinder sind meistens nicht begeistert, kleine Karfiolröschen auf ihrem Teller zu finden. Richtig gewürzt und einmal anders zubereitet, finden aber alle durch die Bank Karfiol spannend.

Zeit: 40 Minuten

Zutaten

Für die Karfiolsteaks
1 großer Karfiol
Saft von 1 Zitrone

Für die Gremolata
1 Bund Petersilie
4 Knoblauchzehen
Saft von 2 Bio-Zitronen
2 EL Olivenöl

Zubereitung

1 Den Karfiol von den Blättern befreien und samt Strunk in ca. fingerdicke Scheiben schneiden. Auf einem Backblech auslegen und mit dem Zitronensaft beträufeln.
2 Für die Gremolata Petersilie und Knoblauch fein hacken und zusammen mit Zitronensaft und Olivenöl mit einer Gabel zerdrücken, bis ein feiner Brei entstanden ist.
3 Die Karfiolsteaks damit bestreichen und im vorgeheizten Backofen bei 180 Grad (Umluft) 30 Minuten garen.

Veggie Stew

aus dem Ofen

Eintöpfe sind in der kalten Jahreszeit einfach nicht wegzudenken. Ich mach's mir gerne leicht und gare sie im Ofen. Mit viel herrlichem Gemüse und einem kleinen Geheimtipp für den Geschmack.

Zeit: 1,5 Stunden

Zutaten
5 Zwiebeln
2 Fenchelknollen
1 EL Olivenöl
1 TL Paprikapulver
Saft von ½ Zitrone
1 rote Paprika
1 Tomate
500 ml Gemüsebrühe
70 g dunkle Schokolade
   (mind 65% Kakaoanteil)
700 g Kartoffeln
4-5 Karotten
½ Hokkaidokürbis
Salz zum Abschmecken

Zubereitung

1 Die Zwiebeln schälen, achteln, Fenchel in Schiffchen schneiden und beides zusammen in eine Auflaufform geben.
2 Aus Olivenöl, Paprikapulver und Zitronensaft eine Marinade herstellen. Über die Fenchel-Zwiebel-Mischung gießen und die Paprika und die Tomate im Ganzen mit in die Form geben.
3 Bei 180 Grad im Backofen auf mittlerer Schiene ca. 30 Minuten schmoren.
4 Anschließend die Paprika und die Tomate aus der Form nehmen und jeweils die Haut abziehen. Beides in mittelgroße Stücke schneiden und wieder zurück in die Form geben.
5 Mit Gemüsebrühe aufgießen, die Schokolade zugeben und für 20 Minuten schmoren.
6 In der Zwischenzeit das Gemüse vorbereiten. Die Kartoffeln schälen und vierteln, die Karotten schälen und in Stifte schneiden. Den Kürbis entkernen und in Ringe schneiden. Alles zum restlichen Gemüse in die Ofenform geben und für weitere 30-40 Minuten im Backofen belassen, zwischendurch umrühren.
7 Mit Salz abschmecken.

Brokkolireis-Laibchen

mit cremiger Soße

Brokkoli ist eines meiner liebsten Gemüse, weil er so wunderbar vielseitig ist. Er lässt sich einfach zu Brokkolireis verarbeiten, der von der Konsistenz an Reis erinnert und wunderbar in viele Gerichte passt.

Zeit: 30 Minuten

Zutaten

Für die Laibchen
250 g Rundkornreis
½ Brokkoli
1 Rote Zwiebel
1 Ei
3 EL Mehl
Sonnenblumenöl zum
   Braten

Für die Soße
1 kleine rote Zwiebel
1 EL Olivenöl
1 EL Tomatenmark
150 ml Milch
100 ml Schlagobers
3 EL Hefeflocken
Salz zum Abschmecken

Zubereitung

1 Den Reis gründlich waschen und mit der 2,5-fachen Menge Wasser in einem Topf weich garen.
2 Den Brokkoli zerteilen, dabei den Strunk entfernen und anderweitig verwenden. Den Brokkoli grob in Stücke hacken und in einem Blender zu feinen, reisähnlichen Bröseln verarbeiten.
3 Die Frühlingszwiebeln fein schneiden und mit Brokkolireis und Reis vermengen. Mit Ei und Mehl vermischen und kleine Laibchen daraus formen.
4 Das Öl ca. fingerhoch in einer Pfanne erhitzen und die kleinen Laibchen langsam goldgelb darin backen. Auf Küchenpapier abtropfen lassen.
5 Für die Soße die Zwiebel fein schneiden und in einem kleinen Topf im Olivenöl anbraten. Das Tomatenmark zugeben und mit Milch ablöschen.
6 Die Soße auf mittlerer Stufe kochen, bis die Soße einreduziert ist, Hefeflocken mit Schlagobers zugeben und mit Salz würzen. Mit den Laibchen servieren.

Fenchelpasta

mit Orangensoße

Fenchel wird oft zu unrecht links liegen gelassen, und dabei ist er als Pastagericht nicht nur gesund, sondern schmeckt auch hervorragend.

Zeit: 45 Minuten

Zutaten
400 g Nudeln
2 Frühlingszwiebeln
2 EL Olivenöl
1 Fenchel
2 Orangen
1 TL Sojasoße
2 EL Honig
Meersalz zum Bestreuen

Zubereitung

1 In einem großen Topf Wasser zum Kochen bringen, salzen und die Nudeln darin al dente kochen.
2 Die Frühlingszwiebeln in feine Scheiben schneiden und in einer Pfanne im Olivenöl anrösten.
3 Den Fenchel mit einem Küchenhobel oder scharfen Messer in feine Stücke schneiden. In die Pfanne geben und mit anrösten.
4 1 Orange auspressen und den Saft zusammen mit Sojasoße und Honig über den Fenchel geben und auf mittlerer Stufe reduzieren. Aus der zweiten Orange die Filetstücke schneiden.
5 Die Nudeln auf Teller verteilen und zusammen mit Fenchelsoße und Orangenfilets anrichten. Mit Meersalz bestreuen.

Erbsensuppe

Wärmende Suppen sind im Winter mehrmals wöchentlich auf unserem Speiseplan. Nicht nur klare Suppen mit viel Gemüse, sondern auch cremige Suppentöpfe mögen wir alle.

Zeit: 45 Minuten

Zutaten
2 Zwiebeln
2 EL Olivenöl
2 Kartoffeln
800 g Erbsen
200 ml Milch
1 EL Suppenpaste
 (Seite 192)
1 Bio-Zitrone
Salz
150 g Crème fraîche

Zubereitung

1 Die Zwiebeln fein hacken und in einem Topf im Olivenöl anschwitzen.

2 Die Kartoffeln schälen und grob würfeln. Zusammen mit den Erbsen in den Topf geben und kurz anrösten.

3 Mit Milch und 600 Milliliter Wasser ablöschen, die Suppenpaste einrühren und auf kleiner Stufe alles weich kochen.

4 Die Zitrone heiß waschen, trocknen und halbieren. Eine Hälfte auspressen, von der anderen die Schale abreiben.

5 Die Suppe mit einem Stabmixer fein pürieren und mit Salz, 100 Gramm Crème fraîche und Zitronensaft abschmecken.

6 Auf Teller verteilen, jeweils mit Zitronenabrieb und 1 Teelöffel Crème fraîche servieren.

Rote-Rüben-Ravioli

mit Ricotta und Karotte

Auf den Tellern darf es gerne auch mal bunt sein. Rote Rüben eignen sich hier besonders gut, nicht nur um den Nudelteig einzufärben, sondern auch, um ihm eine Portion Vitamine zu verpassen.

Zeit: 2 Stunden

Zutaten

Für den Ravioli Teig
2 Rote Rüben (vorgegart)
400 g Universalmehl
    (Mischung aus glattem
    und griffigem Mehl im
    Verhältnis 1:1)
½ TL Salz
2 Eier
2 Eigelb
2 EL Olivenöl

Für die Füllung
120 g Karotte
25 g Parmesan
250 g Ricotta

Außerdem
3 EL Butter
Parmesan zum Bestreuen

Zubereitung

1 Die Roten Rüben in einem Blender pürieren.
2 Zusammen mit den restlichen Zutaten zu einem glatten, geschmeidigen Teig verkneten. Diesen zu einer Kugel formen und in Frischhaltefolie eingewickelt für 30 Minuten kalt stellen.
3 In der Zwischenzeit die Füllung vorbereiten. Karotte und Parmesan fein reiben und zusammen mit dem Ricotta in einer Schüssel vermengen.
4 Vom Teig mit einer Teigkarte eine kleine Portion abstechen und durch eine Nudelmaschine drehen, bis der Teig dünn genug ist.
5 Den Teig auf die Arbeitsfläche geben, mit einem Teelöffel Portionen auf der unteren Hälfte des Teiges platzieren, die obere Teighälfte darüberklappen, um die Füllungen herum festdrücken und mit einem Teigrad Ravioli ausschneiden.
6 Die Ravioli in kochendem Salzwasser 5 Minuten ziehen lassen.
7 In einer Pfanne die Butter erhitzen, die Ravioli mit einer Schaumkelle aus dem Wasser holen und in der Butterpfanne schwenken.
8 Auf einem Teller anrichten und mit Parmesan bestreuen.

TIPP: Das Gemüse der Füllung kann nach Lust und Laune variiert werden. Blattspinat passt auch hervorragend in Ravioli.

Karotten-Regenbogen

aus dem Ofen

In der Küche darf es gerne so einfach wie möglich sein, gerade simpel schmeckt besonders gut. Ein großer Schwall an Karotten kommt ganz einfach in den Ofen, so entsteht ein kunterbunter Regenbogen, der gleichzeitig süß und salzig schmeckt, serviert mit herrlicher Soße.

Zeit: 45 Minuten

Zutaten
700 g bunte Karotten
3 EL Olivenöl
1 EL Aceto balsamico
Meersalz
1 TL Koriandersamen

Für die Soße
2 Knoblauchzehen
1 TL gehackte Minze
200 g griechischer
   Joghurt
Salz

Außerdem
200 g Feta
2 EL fein gehacktes
   Karottengrün

Zubereitung

1. Die Karotten schälen, kleine Karotten im Ganzen belassen, große Karotten halbieren oder vierteln.
2. Die Karotten in eine Ofenform legen und mit Olivenöl und Balsamico-Essig beträufeln. Mit Meersalz bestreuen. Die Koriandersamen zerstoßen und ebenfalls zugeben.
3. Im vorgeheizten Backofen bei 200 Grad (Ober- Unterhitze) für 20 Minuten garen, bis sie weich sind.
4. Für die Soße den Knoblauch pressen und mit den restlichen Zutaten zu einer glatten Masse verrühren. Mit Salz abschmecken.
5. Die Karotten aus dem Ofen nehmen und auf einer Servierplatte anrichten. Den Feta in große Stücke teilen und darauf verteilen, mit dem Karottengrün bestreuen.
6. Die Soße dazu reichen.

Kohlsprossen-Kartoffel-Pfanne

mit Brokkoli und Frischkäsecreme

Bei Kohlsprossen scheiden sich die Geister. Sie sind vor allem wegen ihres oftmals strengen Geruchs in gegartem Zustand eine unbeliebte Gemüsesorte. Ich habe auch länger gebraucht, bis ich sie ins Herz geschlossen habe, das richtige Rezept und die perfekte Zubereitung hatten mir gefehlt. Diese Kartoffelpfanne mit Kohlsprossen und Brokkoli ist genau richtig für alle, die den kleinen Kohlsprossen eine (neue) Chance geben wollen.

Zeit: 1 Stunde

Zutaten
350 g Kartoffeln
½ Brokkoli
100 g Kohlsprossen
2 EL Olivenöl
1 EL Honig
1 TL Senf
Saft von ½ Zitrone
Salz
2 TL helle Sesamsamen

Für die Frischkäsecreme
½ Bund Petersilie
Ein paar Blätter frische Minze
100 g Frischkäse
50 g Naturjoghurt
Saft von 1 Limette
Salz

Zubereitung

1 Die Kartoffeln waschen und in einem Topf mit Wasser bedecken, auf dem Herd aufkochen lassen und bei mittlerer Stufe weich garen. Die Kartoffeln sind fertig, wenn man mit einem Messer hineinsticht und sie von selbst wieder herunter gleiten.

2 Den Brokkoli in kleine Röschen teilen. In kochendem Wasser für 4 Minuten blanchieren, mit einer Schaumkelle herausheben und abtropfen lassen. Das Kochwasser anschließend für die Kohlsprossen weiter verwenden.

3 Die Kohlsprossen waschen und im Wasser bissfest kochen.

4 In der Zwischenzeit die Frischkäsecreme zubereiten. Petersilie und Minze fein hacken, gemeinsam mit Frischkäse und Naturjoghurt in einer Schüssel verrühren. Mit Limettensaft und Salz abschmecken.

5 Die Kartoffeln schälen und vierteln, die Kohlsprossen halbieren. Zusammen in einer Pfanne im Olivenöl anbraten. Zum Schluss die Brokkoliröschen zugeben.

6 Mit Honig, Senf, Zitronensaft und Salz würzen. Zum Schluss den Sesam über das Gemüse streuen. Mit der Frischkäsecreme servieren.

Mangold-Spinat-Auflauf

mit Nudeln

Kinder lieben Nudeln, nicht nur in Form von Pastagerichten sind sie wunderbar, sondern auch als Auflauf aus dem Ofen, mit viel Gemüse, genau richtig für Groß und Klein.

Zeit: 40 Minuten

Zutaten
400 g Nudeln
1 gelbe Zwiebel
3 Knoblauchzehen
5-6 große Mangoldblätter
2 Handvoll Blattspinat
Olivenöl
Butter für die Form
200 ml Schlagobers
100 g Ziegenfrischkäse
2 Eier
1 TL gehackter Dill
1 TL gehackte Petersilie
1 TL Suppenpaste
    (Seite 192)
150 g geriebener
    Mozzarella

Zubereitung

1 In einem großen Topf Wasser zum Kochen bringen und die Nudeln darin al dente kochen.

2 Zwiebel und Knoblauch fein schneiden. Die Mangoldblätter waschen und samt Stielen in kleine Stücke schneiden. Den Spinat gut waschen und abtropfen lassen.

3 In einer beschichteten Pfanne etwas Olivenöl erhitzen, Zwiebel und Knoblauch darin anschwitzen. Mangold und Spinat zugeben und alles weich dünsten.

4 Eine Ofenform mit Butter einfetten und die Nudeln hineingeben.

5 Die Mangold-Blattspinat-Mischung aus der Pfanne daraufgeben und miteinander vermengen.

6 In einem Becher Schlagobers, Ziegenfrischkäse und Eier miteinander vermengen. Die Kräuter zusammen mit Suppenpaste zugeben. Über die Nudeln gießen und mit dem Mozzarella bestreuen.

7 Im vorgeheizten Backofen bei 180 Grad (Umluft) 20 Minuten garen, bis der Käse gut geschmolzen ist.

Hasselback-Butternut-Kürbis

✳

Kürbis muss nicht immer zur Suppe verarbeitet werden. Gegart aus dem Ofen mit herrlicher Honigmarinade ist er eine wunderbare sättigende Mahlzeit, aber auch eine ergänzende Beilage zu anderen Gerichten.

Zeit: 40 Minuten

Zutaten

1 mittelgroßer Butternut--
    Kürbis
1 EL Honig
2 TL Sojasoße
35 ml Olivenöl
Einige Thymianzweige
Grobes Meersalz
1 Granatapfel

2 Kochlöffel oder 2 Ess-
    stäbchen

Zubereitung

1 Den Kürbis längs halbieren und schälen, die Kerne mit Hilfe eines Löffels entfernen.
2 Die Kürbishälften mit der Innenseite nach unten auf ein Backblech legen. An die beiden Längsseiten je 1 Kochlöffel oder 1 Essstäb-chen legen. Mit einem scharfen Messer die Kürbishälften in feine Scheiben schneiden, bis das Messer an den Kochlöffeln bzw. Essstäbchen ankommt. So fällt der Kürbis nicht auseinander.
3 Für die Marinade Honig mit Sojasoße vermengen, mit Olivenöl mischen und die Kürbishälften mit einem Pinsel damit bestreichen.
4 Frische Thymianzweige auf die Kürbisse legen und mit Meersalz bestreuen.
5 Im vorgeheizten Backofen bei 200 Grad (Umluft) 30 Minuten garen lassen.
6 Den Granatapfel halbieren, die Kerne herauslösen und zum Kürbis servieren.

TIPP: Hasselback-Butternut-Kürbis ist nicht nur solo direkt aus dem Ofen eine herrliche, einfache Mahlzeit, sondern gerade im Winter zu festlichen Gerichten eine tolle Beilage.

Kartoffelknödel

Kartoffelknödel begleiten mich bereits seit meiner Kindheit in allerlei Variationen. Damals meistens gefüllt mit Grammeln und Fleisch, liebe ich sie heute in einer vegetarischen Version genauso wie damals.

Zeit: 2 Stunden

Zutaten

Für die Knödel
500 g mehlige Kartoffeln
3 EL Grieß
2 EL griffiges Mehl
1 EL Maisstärke
1 Eigelb
30 g Butter

Für die Füllung
100 g geräucherter Tofu
1 TL mildes Paprikapulver
4 EL Olivenöl
200 g frische Steinpilze
150 g Sauerkraut
1 TL gehackter Thymian
Salz

Außerdem
Salz
Frischer Salat
Dressing (Seite 70)

Zubereitung

1 Die Kartoffeln in kochendem Wasser bissfest garen.
2 In der Zwischenzeit die Füllung vorbereiten. Den Tofu aus der Verpackung nehmen, in ein Sieb legen und die Flüssigkeit herauspressen. In feine Würfel schneiden und in einer Schüssel mit Paprikapulver und 2 Esslöffel Olivenöl vermengen.
3 Die Steinpilze fein hacken und zusammen mit dem Tofu in 2 Esslöffel Olivenöl anbraten, dann beiseite stellen.
4 Die Kartoffeln abgießen, schälen und durch eine Kartoffelpresse pressen.
5 Mit den restlichen Zutaten zu einem geschmeidigen Teig verarbeiten. (Achtung: Kartoffelteige nur vorsichtig und kurz kneten, sonst werden sie nicht fest, sondern weicher und lassen sich nicht formen.) Zu einer Rolle formen und in gleich große Portionen teilen.
6 Alle Zutaten für die Füllung miteinander vermengen und mit Salz abschmecken.
7 Die Kartoffelteigportionen in der Hand flach drücken, mit einem Löffel eine Portion Füllung in die Mitte geben und mit dem Kartoffelteig umschließen.
8 In einem großen Topf Wasser zum Kochen bringen und mit 1 Teelöffel Salz würzen. Die Knödel vorsichtig hineinlegen und bei geringer Hitze 5 Minuten ziehen lassen.
9 Die Knödel mit einer Schaumkelle vorsichtig aus dem Wasser heben, abtropfen lassen und zusammen mit frischem Salat servieren.

Nussbrot

mit Gorgonzola

Brote lassen sich unendlich verfeinern, eine besonders bekömmliche Idee ist es, Käse und Nüsse der letzten Ernte zusammen in ein Brot einzuarbeiten und zu genießen.

Zeit: 2,5 Stunden

Zutaten
1 Pkg. Trockenhefe oder
    ½ Würfel frische Germ
1 TL Honig
380 ml lauwarmes Wasser
600 g glattes Weizenmehl
150 g Sauerrahm
1,5 TL Salz
1 TL Brotgewürz
5-6 frische Walnüsse
100 g Gorgonzola

Simperl (20-24 cm
    Durchmesser)
Mehl für die Arbeitsfläche
Topf mit Deckel aus Guss-
    eisen oder Emaille (20-
    24 cm Durchmesser)

Zubereitung

1   Hefe mit Honig vermengen und im lauwarmen Wasser auflösen. Zugedeckt für 10 Minuten ruhen lassen.
2   Mehl, Sauerrahm, Salz, Brotgewürz und Hefemischung zu einem glatten, geschmeidigen Teig verkneten.
3   Die Walnüsse aus der Schale lösen, grob hacken und unter den Teig kneten.
4   Den Teig zu einer Kugel formen und zugedeckt an einem warmen Ort für mindestens 1 Stunde ruhen lassen. Der Teig sollte sich in dieser Zeit mindestens verdoppeln.
5   Simperl vorbereiten und mit Mehl bestäuben.
6   Den Brotteig auf die leicht bemehlte Arbeitsfläche auskippen. Den Käse in feine Stücke schneiden und in den Teig einarbeiten. Rund wirken und im Simperl mit der Naht nach unten nochmals 20 Minuten ruhen lassen.
7   In der Zwischenzeit einen gusseisernen Topf im Ofen auf 210 Grad (Ober-/Unterhitze) vorheizen.
8   Den Brotteigling aus dem Simperl vorsichtig in den Topf kippen und mit geschlossenem Deckel 10 Minuten garen lassen.
9   Danach den Deckel vorsichtig entfernen, die Temperatur auf 190 Grad reduzieren und das Brot für weitere 15 Minuten backen.
10 Danach die Temperatur auf 160 Grad reduzieren und das Brot für 20 Minuten im Ofen lassen.
11 Das Brot aus dem Ofen holen und vor dem Anschneiden auf einem Gitterrost mindestens 1 Stunde abkühlen lassen.

Begriffe, die im Buch verwendet werden:

Österreich	Deutschland
Fisolen	Gartenbohne
Germ	Hefe
Grammeln	Grieben (ausgebratene Speckteilchen)
Holler bzw. Hollerblüten	Holunder bzw. Holunderblüten
Jause bzw. Jausenbox	Zwischenmahlzeit (Brotzeit) bzw. Brotzeitbox
Karfiol	Blumenkohl
Kohlsprossen	Rosenkohl
Kraut	Kohl
Laibchen	Pflanzerl, Küchle
Löffelkäse	körniger Frischkäse
Marillen	Aprikosen
Melanzani	Aubergine
Palatschinken	Pfannkuchen
Ribiseln	Johannisbeeren
Rote Rübe	Rote Bete
Rotkraut	Rotkohl
Sauerrahm	Saure Sahne
Schlagobers	Schlagsahne
Semmelbrösel	Paniermehl
Simperl	Gärkorb
Staubzucker	Puderzucker
Tiefkühler	Gefrierschrank
Tiefkühlsack	Gefrierbeutel
Topfen	Quark (Topfen ist allerdings etwas trockener und deshalb sollte Quark vorher abgetropft werden.)
Vogerlsalat	Feldsalat

Autorenvita

Michaela Titz ist Foodbloggerin, freie Autorin und Foodfotografin. Aus einer Liebe zur guten Küche, deren Wurzeln in ihrer Kindheit liegen, entwickelte sich eine persönliche Leidenschaft für saisonale Rezepte. Die gebürtige Wienerin lebt mit ihrem Mann und ihren drei Söhnen am Stadtrand von Wien. Hier bewirtschaftet sie ihren eigenen Gemüsegarten, erntet und kocht für die Wintermonate ein. Besonders das No-Food-Waste-Prinzip wird in den zahlreichen Rezepten angewendet und liegt ihr besonders am Herzen.

In ihrem zweiten Buch zeigt sie, wie Gärtnern auf der Fensterbank bis hin zur Ackerparzelle funktioniert. Neben zahlreichen Rezepten, frisch aus dem Gemüsebeet, rund um die gesunde und einfache Familienküche, können kleine Do-it-yourself-Projekte mit der ganzen Familie umgesetzt werden.